나는 해외 투자로 글로벌 부동산 부자가 되었다

부동산 고수 방미의 40년 내공이 담긴 실전 투자 지침서

나는 해외투자로 글로벌 부동산 부자가 되었다

방미 지음

중앙books

강남에서 맨해튼까지,
40년 부동산 투자의 내공을 모두 담다

지금껏 나의 부동산 투자 역사를 되돌아보니 대한민국의 부동산 역사와 함께했다는 생각이 먼저 든다. 내가 직접 살거나 투자했던 방배동, 여의도, 한강, 압구정, 청담동, 삼성동, 논현동, 한남동, 이태원, 제주도까지.

그동안 내가 거쳐 온 곳들이 현재 한국 최고의 부촌들로 자리매김하고 있다. 이렇게 보니 그동안 참 열심히 살아왔다는 생각이 든다. 그리고 투자자로서 시장 흐름을 읽는 능력과 좋은 부동산을 선별하는 눈이 꽤 정확했음에 스스로 자부심을 느낀다.

한국을 떠나 뉴욕 맨해튼을 비롯해 LA, 하와이 등 미국 중심지에서 비즈니스와 해외 부동산 투자를 시작하며, 부동산을 읽는 나의 눈과 자질이 국내는 물론 해외에서도 통한다는 것을 깨달았다.

지금 당장 해외 부동산으로 갈아타야 하는 이유

정권이 바뀌고 국내 부동산 시장이 점차 위축되면서 해외 부동산 투자에 관심을 갖는 사람들이 점점 늘어나고 있음을 체감하고 있다. 내 주변에도 나에게 해외 부동산 투자 방법이나 정보를 묻는 사람들이 부쩍 늘었다.

하지만 해외 부동산 투자에 대한 정보를 국내에서 찾기에는 많은 어려움이 따른다. 국내에는 해외 투자에 대한 구체적인 방법을 다룬 도서도 없을뿐더러, 국내 부동산 전문가들 중에서도 해외 부동산에 오랜 기간 관심을 가지면서 직접 투자를 진행한 사람이 극히 드물기 때문이다. 막연한 호기심으로 시작하기에는 리스크도 크다.

그렇기 때문에 출판사에서 해외 투자에 대한 책을 쓰자는 제안이 왔을 때 기쁜 마음으로 수락했다. 해외 부동산에 도전하고 싶지만 정보가 부족해 어려움을 겪는 사람들에게 먼저 경험한 선배 투자자로서 나의 경험을 나누고 싶은 마음이 가장 컸다.

나의 첫 번째 책,《종자돈 700만 원으로 부동산 200억 만들기》가 국내 부동산 투자 초보자들을 위해 쓰였다면, 이번 책《나는 해외 투자로 글로벌 부동산 부자가 되었다》는 40년에 걸친 나의 국내·해외 부동산 투자 내공이 모두 담긴 책이라고 할 수 있다. 특히 20여 년 동안 직접 발로 뛰며 체득한 해외 부동산 투자 노하우를 모두 담았다. 당시 매입한 금액까지 모두 공개할 정도로 솔직하게 쓰려고 애썼다.

비자 발급은 물론 해외 투자 전 알아야 할 기본 상식부터 관련 용어, 한국과 다른 미국의 주거 형태, 뉴욕·LA·마이애미·하와이 등 지역별 정보, 부동산 거래 시 발생하는 수수료와 세금에 대한 내용까지. 누구도 알려주지 않았던 해외 투자 이야기를 가능한 한 많이, 그리고 상세하게 풀었다.

나는 '투기'가 아닌, '투자'로 성공했다

누군가는 내가 연예인으로 성공해 운 좋게 벼락부자가 되었다고 쉽게 생각하겠지만 절대 아니다. 나는 요샛말로 흙수저 집안에서 자랐고, 어린 나이에 식구들의 생계를 책임져야 하는 소녀 가장이었다. 나를 옥죄는 가난이 싫었고, 돈을 벌어서 성공하고 싶었다.

가끔 사람들이 '200억 부동산 자산가'라는 타이틀이 부담스럽지 않냐고들 물어보는데, 그런 궁금증 뒤엔 내가 정말 200억 부동산을 가지고 있는지 의심하는 시선도 있다. 예전에는 부동산 투자자가 아닌 투기꾼이라는 이야기도 자주 듣곤 했다. 이는 당시 매체에 비쳐진 내 이미지가 좀 왜곡되었기 때문이 아닌가 한다.

10년 전 한국 생활을 잠시 접고 미국으로 들어가기 전, 한남동 유엔빌리지에서 살고 있을 때였다. 모 신문사의 기자가 내가 살고 있는 집에서 부동산 투자 노하우에 대한 인터뷰를 진행하고 싶다고 연락을 해왔다. 나는 숨길 것이 없었기에 수락했고, 기사가 나가자마자 나는 하루아침에 '200억 부동산 투자자'라는 꼬리표를 달게 되었다.

한때 잘나가던 가수에서 부동산 투자의 귀재로 알려지게 되면서 여러 매체에서 인터뷰 요청이 쇄도했고, 질투와 비난의 한가운데 서기도 했지만, 부동산 투자로 성공하고 싶은 많은 사람들에게 나의 이야기를 들려줄 수 있음에 감사함도 느꼈다. 다만 투자자가 아닌 투기꾼이라는 오해는 역시 억울하다. 한국에서나 미국에서나 성공하고 싶다는 마음 하나로 적은 돈도 절대 낭비하지 않고 모으며, 밤잠을 설치며 열심히 달렸던 나다. 누구라도 보면 늘 깜짝 놀라는 구부러진 내 손가락이 바로 그 증거다.

미국에서 주얼리숍을 운영할 때 매일 밤 가방이나 구두에 비즈나 큐빅을 일일이 손으로 달았다. 나중에는 손가락 마디가 꺾일 정도가 되었다. 오랜 시간 어깨도 펴지 못하고 일했던 탓에 어깨를 수술해야 할 정도로 몸도 많이 상했다. 정말 매순간 최선을 다해 살았다. 처절하게 내 모든 것을 던져서 노력하고, 투자를 멈추지 않았기에 지금은 누군가에게 나의 성공을 당당하게 말할 수 있다.

아마 당시에는 지금처럼 부동산 투자가 대중적이던 시대가 아니었고, 부동산 투자자는 투기꾼이라고 질타를 받던 시기였기에 나 또한 이러한 시선에서 자유로울 수 없었다고 생각된다.

사실 진짜 큰 부자들은 자신이 부자라고 말하지 않는다. 자신들이 돈을 어떻게 벌었는지 알려주지도 않는다. 내가 대단한 부자는 아니지만 나 또한 그렇다. 단지 질문을 받았을 때 나의 경험이 나처럼 가난을 벗어나고 싶은, 그리고 꿈을 이루고 싶은 사람들에게 도움이 된다면 기꺼이 나누고 싶은 마음이다. 다만 연예인이라는 특수한 직업 때문에 과한 주목을 받는 것은 어쩔 수 없는 일이라고 생각한다. 그저 내가 나 자신을 으스대듯 자랑하기 위해 인터뷰를 하고, 이런 투자서를 써낸 것이 아님을 이 책을 읽는 독자들이라도 알아주었으면 좋겠다.

나의 꿈은《어드벤처 캐피털리스트》의 짐 로저스처럼 투자자로서 세계 곳곳을 보고 느끼는 것이다. 어쩌면 난 평생 투자자로 살 운명인 것 같다. 이제부터 내가 할 이야기들은 부동산과 돈에 관한 이야기들이다. 돈을 벌고 싶은가? 그럼 공부하고, 노력해서 떳떳하게 투자하라. 돈을 벌고 싶다는 게 뭐가 부끄러운가. 나 역시 성공하고 싶은 열망 하나로 여기까지 왔다. 나의 이야기가 당신의 성공에 작은 도움이라도 되길 바란다.

이 책이 나오기까지 도움을 준 고마운 사람들에게 감사의 인사를 전한다. 시차로 인해 늦은 시간이었을 텐데도 밝은 목소리로 전화를 받아준 나의 부동산 파트너 beebee 엘렌, 바쁜 와중에도 원고에 조언을 아끼지 않으며 정리를 도와준 한정연 기자, 그리고 나와 함께 밤낮으로 고생한 심보경 편집자에게 고마움을 전한다.

2019년 5월

방미

4장 해외 투자, 국내 투자와 기본은 같다

5장 당신도 뉴욕 맨해튼의 집주인이 될 수 있다

베니스비치, 마리나 델 레이 등

샌타모니카 인근은 부호들의 아지트로 유명하다.

세계 최고의 휴양지이자 세계 부호들이 가장 많이 모여 산다는

부촌의 집값이 한국의 집값에 비해 싸다면 믿을 수 있겠는가.

지금은 시세가 조금 달라졌을지도 모르지만,

바다 위에 띄워진 요트를 바라볼 수 있는 최고의 전망을 가진 집이

200만 달러(약 22억 원) 정도다.

서울에서는 사실 말도 안 되는 가격이다.

해외로 눈 돌리는 강남부자들

글로벌 투자의 시대가 시작됐다

　가수 방미가 부동산 투자에 대한 이야기를 한다고 의아해하는 사람들이 아직도 있을까? 어쩌면 투자 전문가도 아니면서 사람들에게 부동산 투자를, 그것도 국내가 아닌 해외 부동산 투자를 부추긴다며 나의 자격을 의심하는 사람들도 많을 것 같다.

　그러나 나는 실제로 부동산으로 꽤 큰 부를 이뤘다. 2007년에 쓴 첫 책,《종자돈 700만 원으로 부동산 200억 만들기》가 출간 직후 부동산 분야 베스트셀러에 오르며 세간에 꽤 화제가 되기도 했었고, 그 이후에도 꾸준히 국내에서 부동산 투자자로 살아왔다. 1980년 첫 투자를 시작으로, 40년 중 20년은 국내 부동산 투자에 집중했고, 그 이후에는 해외 쪽으로 시야를 확장해 20년 넘게 해외 부동산 투자에 집중하고 있다. 물론 요즘도 꾸준하게 국내와 해외를 오가며 가치 있는 부동산을 찾아 부지런히 발품을 팔며 돌아다니고 있다. 이제 부동산 투자가 마치 나의 숙명처럼 느껴질 정도다.

LA 부자는 서울 부자보다 저렴한 집에서 산다

내가 부동산 투자를 이렇게 오랫동안 지속할 수 있는 원동력은 무엇일까. 내가 처음 부동산 투자에 눈을 뜨고 지금까지 지속할 수 있었던 진짜 이유는 어쩌면 천성이 부동산 투자라는 분야에 적합했기 때문일지 모른다.

나는 어릴 때부터 늘 새로운 곳에 가면 구석구석을 혼자 돌아다니고, 또 찾아다니고, 경험한 적 없던 새로운 환경에 적응하기를 좋아했다. 유행가 가사처럼 혼자서 밥을 먹고, 혼자서 영화를 보고, 혼자서 쇼핑을 하고, 혼자서 여행을 하는 일이 너무 즐거웠고, 전혀 어색하지 않았다.

그래서일까. 한국을 떠나 미국이라는 낯선 땅에서 생활할 때도 두려움보다는 호기심과 흥미가 앞섰다. 새로운 현장을 발로 뛰어다니며 온몸으로 미국이라는 나라를 빠르게 받아들이는 것이 너무나 재미있었기 때문이다. 그렇게 내가 살 집을 찾고 내 사업을 일구기 위해, 그리고 부동산 투자를 지속하기 위해 미국의 뉴욕·LA·마이애미·하와이, 캐나다의 밴쿠버·토론토·퀘벡 등을 정말 말 그대로 '쉼 없이' 돌아다녔다.

그러면서 가장 중요하게 생각했던 점은 전문가의 말보다 일단 내가 직접 현장에 가서, 정보를 얻은 후에 투자를 결정해야 한다는 것이었다. 어디서든 전문가의 말은 참고만 할 뿐 절대로 믿어서는 안 된다. 전문가가 내 인생을 책임지는가? 내 인생은 나 스스로 결정하고 책임질 수 있어야 한다. 투자도 마찬가지다. 이것은 수십 년이 지난 지금도 나만의 확고한 투자의 원칙으로 자리 잡고 있다.

내가 초보 투자자들에게 해외 부동산 투자를 적극적으로 권장하는 이유는 한국 집값과 미국 집값의 차이가 엄청나기 때문이다. 물론 좋은 위치의 집들 말이다. 내가 뉴욕을 떠나 LA에서 투자를 하기로 결심했던 당시 LA 마리나 델 레이의 집값과 한국 서울의 집값을 비교해보고는 한국의 부동산 시장이 터무니없이 비싸게 형성되어 있다는 것을 알았다.

베니스비치, 마리나 델 레이 등 샌타모니카 인근은 부호들의 아지트로 유명하다. 세계 최고의 휴양지이자 세계 부호들이 가장 많이 모여 산다는 부촌의 집값이 한국의 집값에 비해 싸다면 믿을 수 있겠는가.

지금은 시세가 조금 달라졌을지도 모르지만, 바다 위에 떠워진 요트를 바라볼 수 있는 최고의 전망을 가진 집이 200만 달러(약 22억 원) 정도다. 서울에서는 사실 말도 안 되는 가격이다. 서울에서 비슷한 환경을 갖춘, 한강이 내려다보이는 빌라들은, 어느 동네라고 콕 집어 말하지 않아도 대략 40억~80억 원을 훌쩍 넘기는 가격에서 거래가 이루어진다. 두세 배 이상의 가격 차이가 나는 셈이다.

2000년 미국에서 처음으로 구입한 부동산이었던 트럼프플레이스도 비슷한 경우였다. 센트럴파크 서쪽 허드슨강을 끼고 있는 트럼프플레이스는 돈 있는 사람들의 선호도가 가장 높은 건물 가운데 하나다. 우선 주변 환경이 완벽하다. 휴식 공간(센트럴파크·허드슨강)을 비롯해 교육(줄리아드대·컬럼비아대), 문화(링컨센터) 등 흠잡을 점이 없다.

나는 허드슨강이 내려다보이는 로열층을 32만 달러에 매입했다. 만약 로열층이 아닌 저층을 선택했다면 28만 달러에 매입할 수도 있었겠지만, 로열층을 선택했다. 지금은 아마 100만~130만 달러(약 11억~15억 원) 정도 할 것이다. 일단 서울에서는 이 가격으로 이처럼 완벽한 매물을 구하기가 거의 불가능하다. 서울 부동산 시세가 그만큼 터무니없이 비싸게 형성돼 있다는 이야기다.

직접 해외를 뛰며 쌓은 투자 노하우

국내에 날고뛴다 하는 부동산 투자 전문가들은 이미 차고 넘친다. 하지만 해외 부동산 투자에 대해서는 아직 이렇다 할 전문가가 없다. 아마 한국 국적을 가진 개인 투자자 중 나보다 많이 해외를 돌아다니며 실제로 투자를 경험한 사람은 거의 없을 것이다.

내가 지금껏 만나본 많은 전문가들 중 대부분의 사람들이 자신의 경험이 아닌, 남의 이야기를 가져다 자신의 노하우인 것처럼 포장해 이야기를 했다. 실제적인 기술을 알려주기보다, 남의 말을 포장하는 기술이 더 뛰어난 사람들이었다.

만약 부동산 전문가라는 타이틀이 필요하다면, 일단 이 책을 덮고 이에 합당한 자격증을 따는 것에 더 집중하는 편이 나을 것이다. 하지만 자격증보다 더 확실한, 돈 주고도 살 수 없는 현장 경험을 나누고 싶다면, 내가 하는 이야기가 많은 도움이 될 것이라 확신한다.

부동산에 관심을 갖고, 직접 세계를 누비며 경험해온 시간이 벌써 반백 년에 가까워간다. 그동안 때로는 운때가 좋아 큰 시세차익을 얻기도 했지만, 때로는 다양한 시행착오를 겪으며 투자에 애를 먹기도 하고 마음고생도 많이 했다. 하지만 나는 지금도 어느 나라, 어느 도시를 가든 현장을 둘러보는 것이 늘 재미있다. 그저 정보만 받아보는 것보다 직접 가서 보고, 느끼는 현장 답사의 시간만큼 내게 의미 있는 시간도 없다. 부동산을 직접 사지 않더라도 말이다.

지금부터 하는 이야기들은 내가 발로 직접 뛰며 두 눈으로 목격하고, 또 실제로 투자한 경험에서 우러나온 '진짜 나의 이야기'다.

세상은
넓고
좋은 부동산은
많다

정권과 함께 부동산 정책이 바뀌면서 국내에서 부동산으로 돈을 벌기는 더욱 어려워졌다. 일단 국내 부동산 시장의 각종 규제들을 고려할 때 더 이상 국내 부동산 투자가 안정적으로 이루어질 수 있는 환경이 아니다. 해외 부동산 투자에 눈을 돌릴 적기가 온 것이다.

새로운 기회, 새로운 이익을 얻기 위해서는 이전보다 시야를 확대하고, 생각의 범주도 좀 더 넓혀야 한다. 우물 안 개구리가 되지 말자는 이야기다.

예전에는 해외 부동산을 매입하려면 외국인의 신분으로 계약을 하기 때문에 많은 제약과 규제가 따라 번거로운 점이 많았다. 하지만 과거와 비교했을 때 이제는 규제 면에서도 꽤 많이 완화됐고, 부동산 투자 환경도 편해졌다. 물론 자금의 출처는 있어야 하지만, 부동산 구입가에 대한 한도도 폐지되었다.

해외에서 부동산을 산 후 국내로 귀국한다고 해도 1년에 한 번 세무서에 신고만 하면 기간에 상관없이 계속 해외에 집을 소유할 수 있다. 심지어 무비자로도 집을 구입할 수 있는 세상이 됐다. 증빙 서류 제출이나 송금 절차도 과거보다 훨씬 간편해졌다.

부동산도 이제 글로벌 시대가 왔다. 그만큼 부동산 투자자들에게도 큰 기회의 시장이 열린 것이다. 무엇보다 해외 부동산에 투자한다는 것을 단순하게 자산을 늘리기 위한 수단으로 여기는 얄팍한 생각에서 벗어나는 것이 우선이다.

국내를 넘어 더 넓은 세계로 진출하기 위한 든든한 발판이 바로 해외 부동산 투자다. 실시간 SNS로 전 세계 모든 사람들과 소통할 수 있는 세상에서 해외 부동산 투자도 마음만 먹으면 시작하는 데 어려울 이유가 없다. 돈 되는 곳에 가장 먼저 손을 뻗는 재벌들은 물론 수많은 연예인, 정치인, 의사, 변호사, 세무사 등을 포함해 생각과 행동이 빠른 사람들은 이미 해외에 집을 소유한 지 오래다.

'달러'와 '글로벌 비즈니스'의 기회

그렇다면 해외 부동산 투자로 무엇을 얻을 수 있을까? 일반 투자자들은 주로 필요에 의해서 해외 부동산에 관심을 갖게 된다. 해외 유학이나 비즈니스, 이민, 취업을 위해 해외에서 당장 장기간 체류해야 하는 상황에 맞닥뜨리면 먼저 계산기를 두드려보게 된다. 그리고 비싼 렌트비를 내는 것보다 집을 마련하는 것이 훨씬 이득이라는 결론에 이른다. 그렇게 시작한 투자가 바로 자산 증식의 초석이 되는 것이다.

해외 부동산 투자는 이제 특정 계층에서만 전유하는 투자 방식이라고 볼 수 없다. 해외로 자식들을 유학 보내는 사람들이 늘어나고, 현지에서 비즈니스를 하는 기업이나 개인들도 점점 늘어나고 있다. 국내 굴지의 기업이나 재벌들도 자산의 30~40퍼센트 정도를 해외 현지의 비즈니스로 운용하거나, 해외 현지의 부동산을 보유하는 데 활용하고 있다.

특히 해외 부동산을 확보하면, 꾸준한 임대수익에 더해 달러를 확보할 수 있다는 장점도 있다. 국내 부동산 투자에서 기대할 수 없는 효과까지 감안하면 해외 부동산 투자는 이 시대에 걸맞은 최적의 투자 방법이다.

가령 자식의 유학을 위해 현지에서 함께 생활하는 부모나 사업가들은 환율에 민감하다. 해외 부동산의 임대수익으로 달러를 확보할 수 있다는 것은, 부동산 투자가 안정적인 달러 투자처가 될 수 있음을 의미한다.

미국을 비롯해 한인들이 많이 거주하고 있는 나라의 주요 도시를 보면 대부분 코리아타운이 형성되어 있다. 투자 정보를 공유하기 위한 커뮤니티 환경이 충분히 조성되어 있어 생각보다 쉽게 현장에 대한 정보, 매물에 대한 정보를 모을 수도 있다.

또 최근 K-POP이나 한국 문화에 관심이 많은 세계인들을 상대로 2차 비즈니스를 할 수 있다는 부수적인 효과도 해외 부동산에 관심을 가지는 사람들에게 큰 메리트가 되고 있다.

내가 뉴욕에서 주얼리숍을 운영할 때에도 한국 사람들을 상대하기보다는 중동, 남미, 유럽 등 전 세계인들을 상대로 비즈니스를 했다. 부동산을 매매할 때에도 한국 사람들에게 국한되지 않기 때문에 팔 수 있는 기회가 훨씬 풍부하다. 나 또한 부동산을 미국 사람들에게 판매하는 경우가 더 많았다. 전 세계의 공용화폐인 달러를 쓰는 미국인 만큼, 부동산을 사고팔거나 비즈니스를 성사시킬 때 다양한 기회가 열려 있는 것이다.

국내의 다양한 규제를 넘어설 수 있다

해외 부동산 투자는 다양한 매력 요인을 고려할 때 시간적·경제적 여유와 관심만 있다면 무조건 시도해볼 만한 분야다. 다주택 소유에 따르는 세금 문제나 규제들이 늘 변수로 작용하는 한국의 부동산 시장을 고려하면 더욱 피할 수 없는 현실이다.

다주택을 소유했다고 해서 무조건 투기를 하고 있다는 굴레를 씌워버리는 것은 위험한 생각이다. 가령 일을 할 수 없는 실버 세대들이 노후 대책용 임대수익을 위해 대출을 받아 두 채 이상의 주택을 소유할 수도 있을 것이고, 차익 목적이 아닌 단순히 휴양을 할 수 있는 별장의 개념으로 소유한 사람도 있을 것이다.

실제로 국내만 봐도, 지방의 한적한 곳에는 서울 아파트 가격의 절반에도 미치지 않는 가격으로 형성된 전원주택들이 많다. 미국의 경우에는 도심으로부터 상당히 떨어진 지역도 도심과의 가격 편차가 한국만큼 심하지 않은 편이다. 따라서 미국에서는 작은 규모의 집일지라도, 최소 한 채 정도 보유하고 있으면 주거나 임대 등 다양한 목적에 맞게 활용하기에 용이하다는 큰 장점을 가지고 있다.

일단 미국 등의 해외 부동산에 투자하기로 마음을 먹었다면, 어떤 목적으로 투자를 할지를 먼저 분명히 정해야 한다. 사업을 할지, 순수한 투자 목적으로 할 것인지를 정하는 과정이 무엇보다 선행되어야 한다.

나는 부동산 투자를 할 때 고정 임대소득 3퍼센트를 확보할 수 있는지를 늘 최우선으로 고려한다. 고정 임대소득을 확보한 상태

라면 달러 환율이 유리한 곳을 찾아 새로운 부동산 투자 기회를
모색하는 데 유리하기 때문이다.

일단 어떤 지역에 투자할 것인지에 대한 단순한 호불호를 따지
기 전에 자신이 벌어들이고 있는 달러를 어떤 목적을 위해 어떤
방식으로 투자할 것인지 먼저 정하라. 목적이 있으면 길이 보인
다. 막연함과 불안감을 떨치고, 훨씬 자신감 있게 투자의 방향을
분명하게 세울 수 있다.

가장 글로벌한 투자처, 미국

    미국은 왜 기회의 땅인가. 미국은 왜 투자를 하기 좋은 최적의 나라인가. 무엇보다 비즈니스를 시작하는 데 있어서 한국을 무대로 하는 것과 미국을 무대로 하는 것은 규모 면에서나 방식 면에서 천지 차이다.

    우선 미국은 달러라는 세계 공통의 기축 통화를 사용하는 나라다. 달러를 많이 확보할 수 있다면 전 세계 어디서든 쉽게 사업을 확장하거나 거래할 수 있는 이점도 함께 누린다. 운이 좋다면 환차익이라는 부가적인 이득도 확보할 수 있다.

뉴욕 맨해튼을 떠올려보라. 수많은 영화와 미드에서 맨해튼은 늘 사람들에게 희망과 흥분, 기회와 사랑을 주는 곳이다. 그리고 이는 사실이다! 맨해튼은 세계 비즈니스의 메카로 달러를 벌어들이기에 충분한 기회를 주는 도시다.

맨해튼은 잠을 자지 않는다. 전 세계에서 몰려든 사람들이 다시 전 세계를 상대로 비즈니스를 하기 위해 밤낮 없이 움직이며 금융·무역·문화·관광 산업의 중심지를 형성하고 있다. 그만큼 비즈니스의 가능성이 높은 기회의 땅이다.

법과 제도가 안전하고 체계적인 나라

미국의 부동산 시장은 우리나라와 비교했을 때 부동산 거래 절차가 훨씬 확실하다. 제도적인 장치도 잘 마련되어 있어 안전성이 높다. 심지어 거래를 마친 뒤에도 취소할 수 있는 시간을 한 달씩 준다.

그렇기 때문에 구매자와 판매자 사이에서 발생할 수 있는 분쟁의 소지도 적다. 만약 발생하더라도 거래 진행, 분쟁 해결 등 관련 일은 전부 변호사가 처리한다. 대신 평균적으로 거래를 완료하는 데까지 오랜 시간이 걸리지만 이 정도는 감수할 만하다.

우리나라의 경우에는 계약금을 지불하면 보통 거래가 끝난 것으로 생각한다. 그래서 위험성도 높고 사고 발생 확률도 높다.

반면 미국의 변호사들은 계약금을 낸 후에도 끊임없이 체크업을 한다. 부동산에 근저당 설정이 되어 있는 것은 아닌지, 세금이나 벌금 등 미납 요금은 없는지 법적으로 면밀히 살피고 끝까지 확인하며, 양자 간에 이견이 없는 거래를 유도한다.

그뿐만 아니라 건물의 상태를 확인해주는 회사에 300달러 정도의 비용을 지불하면 건물에 하자가 있는 것은 아닌지, 심각하게 훼손된 곳은 없는지, 시공과 관련되어 문제가 있었던 적은 없는지 등 전문가가 아니면 쉽게 파악할 수 없는 부분까지도 세밀하게 조사해준다. 만약 어떤 집을 계약했더라도 집에 구비된 싱크대가 겉으로만 멀쩡하고 하자가 있는 상태라면 양측 변호사를 통해 30일 이내에 해약을 하거나 판매자에게 수리 요청을 할 수 있다.

집을 렌트했을 때에도 벽에 망치질을 하면, 계약 기간이 끝나고 집을 비울 때 구멍 하나당 50달러씩 지불하는 등 철저하게 확인하고 계산한다. 만약 문제가 발생한 곳이 있다면 집주인은 선불금(deposit; 담보 개념으로 한 달 치 계약금을 미리 내는 것)에서 이를 제하고, 수표를 써서 우편으로 보낸다.

이처럼 모든 거래의 과정이 법적 범위 내에서 이루어지기 때문에, 구매한 사람뿐만 아니라 판매한 사람도 안전하게 보호를 받을 수 있다.

미국은 렌트 보증금이 없다

미국 부동산이 우리나라 부동산과 가장 다른 점은 렌트에 따르는 보증금이 없다는 것이다. 보증금이 없는 대신 임차를 하는 사람의 신용과 선불금을 근거로 거래가 성립된다.

렌트 계약기간이 종료될 경우에는 일단 임차인을 내보낸 다음 브로커나 임대인이 집의 상태를 파악하고 임차인에게 청구할 내용들을 정리한다. 만약 집에 수리를 해야 할 부분이 있거나 파손을 시키고도 아무런 조치 없이 집을 나갔을 경우에는 전적으로 임차인이 낸 선불금에서 비용을 제한다. 임차인은 집을 깨끗이 사용할 의무가 있기 때문에 청소 비용(약 200달러)도 선불금에서 제한다.

임차인의 경우 남은 선불금을 받기 위해 자신이 새롭게 이사를 갈 지역의 주소를 알려주기도 하고 어카운트(account, 계좌)를 알려주기도 한다. 임대인의 경우에도 수리·청소 비용을 청구하는 과정이 매우 당연하다. 미국 부동산 시장에서는 일반적으로 이루어지는 부동산 거래 과정이다.

중국·동남아 투자는 신중, 또 신중!

미국이 부동산 투자 및 거래를 하는 데 있어서 얼마나 합리적이고 안전한 곳인지를 살펴보려면 우리나라와 가까운 이웃 국가들을 비교해보면 간단하다.

해외 부동산 투자처로 어느 나라를 추천하냐고 질문하는 사람들이 많다. 단도직입적으로 말하자면, 중국이나 동남아 지역 부동산 투자는 권장하지 않는 편이다.

일단 중국이나 베트남, 필리핀 등 공산주의의 색채가 짙은 나라들은 외국인이 부동산을 단독으로 소유할 수 없다. 서류에는 그곳에 살고 있는 현지인의 이름이 꼭 들어가야 하는데, 이때 현지인과의 수익 배분 문제로 인해 분쟁이 많이 발생한다. 현지인의 도움을 받았다면 수수료 개념으로 비용을 지불해야 하는데, 법적으로 수수료가 정해져 있는 것이 아니어서 터무니없는 가격을 요청하는 경우가 비일비재하게 발생한다.

동남아 지역의 나라들이 대체적으로 금전 문제에 있어서는 법보다 주먹구구식으로 처리하는 편이다. 변호사가 있다고 해도 뒷돈에 의해 행정적 문제들이 결정되기도 한다.

최근 투자자들 사이에서 뜨고 있는 베트남은 특히 더 조심해야 한다. 우리나라 기업들이 개입해서 결국 한국인들끼리 담합하여 올려놓은 부동산 가격이므로 진짜 가치를 파악할 수 없다는 점이 불안 요소로 작용한다. 게다가 달러가 아닌 베트남 돈으로 거래를 하기 때문에 쉽게 돈을 회수한다 해도 수익 면에서 아무래도 가치가 낮아질 수밖에 없다.

물가가 저렴해 사람들 마음의 장벽이 낮아서 그런지는 잘 모르겠지만, 최근 국내 투자자들이 싱가포르나 베트남, 태국 등 동남아 지역에 많은 관심을 보이고 있다. 하지만 콩 심은 데 콩 나고, 팥 심은 데 팥 나듯이 기본적으로 적은 투자금이 들어가는 곳에서는 적은 수익금이 나올 뿐이라고 생각한다.

진짜 부자들은 법과 질서가 제대로 지켜지지 않는 나라에서는 절대로 투자를 하지 않는다는 것을 알아두자. 왜일까. 반드시 나중에 발생할 문제를 미리 생각하기 때문이다.

사실 나도 몇 년 전 방콕, 푸껫, 치앙마이, 코사무이 등 태국에서 한두 달 머물며 부동산 투자처를 물색해봤다. 그러나 당시에도 다양한 외부 요인들로 인해 동남아는 향후 10년에서 20년 사이에는 큰 수익을 얻을 수 있는 가치가 있는 곳이 아님을 실감했다. 법적인 절차가 보장되지 않는 위험한 환경에서 부동산 투자를 한다는 것은 수익을 기대하기 어려울 뿐만 아니라 자칫 투자금 자체를 보장할 수 없기 때문이다. 가까운 예로 현재 중국에 부동산 투자를 했다가 현지 사정으로 낭패를 본 사람들이 겪고 있는 문제만 봐도 잘 알 수 있다.

물론 해외 부동산 투자 지역을 정하는 것은 개인의 자유지만, 동남아 투자는 특히 신중하게 접근할 것을 권한다. 여러모로 부동산 거래의 안정성이 확보된 시장에서 투자를 하는 것이 무엇보다 중요하다.

안정적인 부동산 투자처라면 미국을 비롯해 캐나다, 호주, 뉴질랜드, 일본 등이 더없이 좋은 투자처다. 이런 곳에 투자를 한다면 선진국이라는 나라들이 개인에게 제공하는 법치의 혜택이 얼마나 큰지를 절실하게 느끼게 될 것이다.

부동산 부자들은 노는 물이 다르다

단도직입적으로 말하자면 부동산 부자가 될 수 있는 방법은 아주 간단하다. 부자들이 모여 사는 곳을 잘 살펴보면 된다.

부자들은 사람들이 몰려 있는 곳에 잘 가지 않는다. 풍수 지리를 보고, 배산임수 지형(뒤에는 산이 있고 앞에는 물이 흐르는 곳)을 찾아다닌다. 미국 LA만 봐도 진짜 부자들은 도심보다는 바닷가를 끼고 있는 산꼭대기 같은 외딴곳에 자신만의 성을 지어놓고 살고 있다. 대표적인 곳으로 샌타모니카, 말리부, 베벌리힐스 등이 있다. 우리나라의 판교 같은 곳만 봐도 진짜 돈이 많은 사람들은 조금 외진 곳으로 벗어나 자신만의 지역, 자신만의 집에서 살기를 원한다.

한마디로 부자들은 노는 물이 다르다. 내가 부동산을 시작한 1980년대부터 부동산 시장을 관망해온 결과, 부자들은 풍수지리를 토대로 대중들이 쉽게 넘볼 수 없는 부동산 가격을 형성해 눈에 보이지 않는 자신들만의 구역을 만들고 그들만의 리그에서 전혀 벗어나지 않을 것처럼 살아간다.

뱁새가 황새를 따라가면 가랑이가 찢어진다 했던가. 그래도 황새 주변을 맴돌다 보면 가랑이는 약간 찢어질지 모르지만 황새들의 고고한 서식처와 먹이 정도는 알아낼 수 있을 것이다. 일반 투자자들도 마찬가지다. 부자들에 비견할 만한 부를 이루지는 못할지라도 적어도 부동산 투자에 성공할 수 있는 노하우 정도는 건질 수 있을 것이다.

지금부터 부동산 투자로 부를 이룬 사람들이 노는 물, 황새들의 서식지를 한번 찾아가보자.

부자들의 부동산 동선을 살펴라

부자들도 나름대로 발품을 판다. 그저 가만히 앉아서 부가 굴러 들어오는 것을 기다리지 않는다. 부동산 투자에 있어 발품을 팔아야 한다는 것은 상식 중의 상식이지만, 의외로 이를 제대로 실천하는 사람을 주변에서 보질 못했다.

발품을 팔라는 것은 무작정 많이 돌아다니라는 뜻이 아니다. 중요한 것은 '무엇'을 보면서 다니느냐다. 나는 일단 부동산 부자들이 산다는 곳에 가서 그들의 동선과 주변 환경을 살핀다. 어떤 사람들이 살고 있는지, 동네 사람들 수준은 어떠한지, 지역과 부동산의 가치가 어느 정도까지 오를 수 있는지를 한번 파악하는 것이다.

가장 좋은 방법은 그 동네 브로커(부동산 중개업자)를 만나 지역 상황을 들어보는 것이다. 브로커에게 들은 정보를 토대로 1년에 10퍼센트 이상은 오를 수 있는 곳인지 예측해본다. 물론 브로커와의 관계도 중요하다. 사람 간의 관계가 그렇듯 어느 정도는 기간을 가지고 꾸준히 연락도 하고, 또 정보도 주고 받는 상호간의 신뢰가 있어야 한다. 그래야 브로커도 진짜 정보를 준다.

그렇게 여러 번 신중을 기하며 만나고, 또 발품을 팔다 보면, 부자들이 모이는 곳, 큰돈의 잠재력이 있는 곳을 알아보는 눈을 키우게 된다.

그다음에는 종잣돈을 마련해야 한다. 그래야 투자의 밑그림을 그릴 수 있다. 일단 종잣돈이 준비되면 직접 현장에 나가 관심 지역을 직접 돌아보며 차근차근 밑그림을 그려나간다. 앞서 말했듯이, 반드시 스스로 해야 한다. 자신의 눈으로 직접 확인하고 실제 거래를 위해 이루어지는 중요한 과정을 누군가에게 의존해서는 안 된다.

단순 정보 수집을 제외하고는 모든 것을 스스로 살펴보고, 스스로 결정하도록 하자. 이는 몇 번을 강조해도 지나치지 않는 기본 중의 기본이다. 정보 수집과 이에 대한 상세한 분석은 현장에 있는 브로커와 상의하고, 인터넷으로 꼼꼼히 더블 체크하는 것이 가장 좋다.

특히 통계 자료를 보여주며 어느 곳이 오를 것인지 예측하는 전문가들의 말은 절대 믿지 마라. 그들이 하는 말은 현장이 아닌 책상에서 통계 자료나 기사를 들여다보고 하는 말이니 절대 믿으면 안 된다. 부동산이든 비즈니스든 책상머리에 앉아서 입만 살아 물건을 사고파는 사람을 나는 믿지 않는다. 진짜 정보는 길 위에서 얻은 이야기 속에 있다. 그러니 현장에서 뛰는 부동산 중개업자들과 함께 직접 돌아다니는 것이 백배 천배 낫다.

어떤 분야에서든 고수가 되기 위한 방법과 방향이 명확하다면 그 나머지를 채우는 것은 본인의 노력 여하에 달려 있다. 내가 뉴욕에서 생활하면서 현지의 부자들에게 배운 것이기도 하고, 가장 많은 공을 들였던 부분이기도 하다. 오늘은 브루클린, 내일은 퀸스, 또 다음에는 플러싱을 돌아다니며 운동화 밑창이 닳을 정도로 발품을 팔아 부동산 현장을 직접 확인했다.

스스로 정보를 찾고 공부를 해야만 제대로 된 거래를 할 수 있다고 믿었고, 실제로 나는 그렇게 뉴욕의 곳곳을 다니며 부동산 투자자로서의 면모를 다졌다. 이것은 부동산 투자에 있어서 만고 불변의 법칙이다.

부동산 부의 지도는 재벌들이 만든다

세계적인 부호가 느닷없이 허허벌판에 있는 부동산을 거래했다고 생각해보자. 주변에 상권이라고는 눈을 씻고 찾아봐도 없는 곳이다. 대체 어떤 이유 때문에 그가 그곳에 투자를 하게 되었을까? 이를 치밀하게 연구하다 보면, 정부의 부동산 정책, 기업의 투자 흐름, 심지어 환경의 변화까지도 파악할 수 있게 된다.

소위 부동산 재벌들이 투자를 할 때에는 다 이유가 있다. 예를 들어서 한 부동산 개발업자가 서초동에 빌라를 몇 채 짓는다는 소식이 퍼진다. 그 무렵 모 기업의 누군가가 그 빌라를 구입했고 또 다른 누군가가 몇 채를 구입하려고 한다는 식의 소문들이 금방 퍼지기 마련이다.

큰 기업에서 빌라를 개발했을 경우 이처럼 홍보의 한 방법으로 거물급 인사들이 자신들의 물건을 샀다는 소식을 다양한 경로로 알리게 된다. 이로 인해 예비 투자자 또는 일반 구매자들을 유인하는 경우도 많다. 물론 이런 소식들도 애초에 관심이 없다면 귀에 쉽게 들어오지 않을 것이다.

이런 정보는 평소 자신에게 꼭 필요한 정보를 동물적인 감각으로 빠르게 선점하는 사람들에게는 특히 큰 도움이 된다. 부동산 투자는 타이밍, 그리고 과감한 결정이 수익의 규모를 좌우한다는 사실을 명심하라.

대체로 우리 같은 일반 투자자들은 좋은 매물을 발견해도 선뜻 쉽게 결정하지 못하는 것이 현실이다. 마트에서 생필품을 하나 사더라도 여러 상품을 비교하고 심지어 다른 마트의 가격과도 비교를 하면서 사는 데 익숙해져 있는 우리들로서는 '억' 소리 나는 부동산 거래를 결정하기까지 얼마나 오랜 시간이 걸릴까. 좋은 기회를 잡는 것도 습관이다.

강남은 여전히 부동산의 중심이다

나는 땅이나 부동산 거래에 있어서 정보라는 것은 대중적인 것과 비대중적인 것으로 나뉜다고 본다. 소위 전문가들이 전하는 정보들이라는 것들을 보면 수도권 어디가 괜찮고 지금 사두면 오름폭이 얼마나 있을 것이라는 예측들이다.

조금 비관적으로 말하자면 이제 수도권에 있는 부동산을 사들여서 큰돈을 벌 수 있는 기회는 많지 않다고 생각한다. 한때 강남 같은 경우에는 정말 싸게 사서 20억~30억 원을 남긴 사람들도 있긴 하겠지만, 이미 오래전 이야기일 뿐이다.

이제는 수도권에 투자를 하기보다 우리가 쉽게 접할 수 없는 부자들이 소수로 모여 살고 있는 지역을 발견해야 한다. 그리고 만약 그런 곳을 발견했다면, 빠른 결정을 내려야 한다.

나는 강남 토박이로 37년을 살았고, 현재 청담동에 살고 있으며 압구정 핵심 지역에 사무실을 가지고 있다. 미국 뉴욕, 호주 시드니, 일본 신주쿠처럼 전 세계 핵심 지역들이 갖추고 있는 최고의 백화점, 오프라인 매장, 음식점 등이 모여 있는 곳이 바로 강남이다. 그렇기 때문에 강남 핵심 지역인 청담, 압구정을 기본 모태로 부동산을 소유하고 있는 것이다.

정부 정책에 휘둘려 안타깝게도 재개발이 안 되고 있는 압구정 현대·한양·미성 아파트가 있는 곳이 서초동에 새롭게 짓고 있는 곳보다 훨씬 큰 매력을 가진 부촌이기도 하다. 나는 강남의 메카인 청담, 압구정 아파트들이 재건축된다면 현재 50억~70억 원인 한강뷰 가격이 100억 원 이상 될 것이라고 조심스럽게 예측한다.

현재 압구정에는 아파트 수도 그리 많지 않다. 몇십 개 정도의 정해진 아파트들이 재건축되기를 기다리고 있다. 항상 정부 정책에 의해 무산되는 압구정 재건축은 틀림없이 돈이 되는 기회다. 우리나라에서 가장 많은 부자들이 소유하고 있는 아파트를 비롯해 상가, 주택 등이 바로 이곳에 몰려 있다는 것을 보면 어느 정도 답이 나올 것이다. 판교, 분당 등 경기도 지역의 부동산을 분양할 때 청담동, 압구정, 신사동 등 강남권과 20분 거리라는 것을 강조하며 광고하는 것도 다 이런 이유에서다.

다시 한번 말하지만, 부자가 되기 위한 방법에는 특별한 것이 없다. 발품을 팔아서 좋은 부동산을 빨리 발견하고, 동물적인 감각으로 앞으로의 발전 가능성을 예측해 과감하게 결정을 내려야 한다.

한인들은 미국에서 어떻게 부를 이뤘을까

요즘은 명절 연휴만 되어도 인천 공항이 북새통을 이룰 정도로 해외 여행객이 늘어나고 있는 추세다. 해외로 나가는 횟수가 늘어난 만큼 해외에 오랫동안 머무는 사람들도 많아지고 있다.

해외에 짧게 머무는 여행이야 패키지 여행도 있고, 다양하게 여행을 즐길 수 있는 방법들이 많다. 하지만 아이들을 오랜 기간 동안 해외로 유학을 보내는 부모의 입장이라면 이야기는 좀 달라진다. 아이들을 만나기 위해 해외로 나가는 경우도 잦고, 또 장기간 머물러야 하는 경우도 발생할 수 있다.

이때 해외에 집이 있다면, 굳이 나갈 때마다 숙소를 찾아보고 비싼 비용을 들여가며 체류하지 않아도 된다. 또 경우에 따라서는 해외 부동산을 적절한 타이밍에 사고팔아 가족의 미래를 위한 또 다른 투자 방법으로 유용하게 활용할 수도 있다.

나는 1983년부터 미국을 드나들기 시작했다. 지금은 미국도 무비자 여행이 가능하지만 그때는 비자가 꼭 있어야만 미국에 들어갈 수 있었다. 당시 내가 만나본 미국 유학생들은 부잣집 자제들이 대부분이었다.

학생들의 부모님 직업은 재벌, 정치인, 의사, 검사, 변호사 등 다양했지만 그중에서 대기업 오너가 제일 많았다. 그들이 투자하는 방법을 살펴보니, 그들은 주로 자식을 유학을 보낸 후 그곳에 집을 구입하고, 또 사업을 시작하여 달러를 확보하는 수순을 밟았다. 그리고 자연스럽게 시간이 지나 영주권을 받게 되면 현지의 안정된 혜택까지 누리며 미국에서의 삶을 시작하는 것이다. 물론 영주권을 받았기 때문에 미국과 한국을 자유롭게 오갈 수도 있다.

미국의 한인 부자들은 무엇을 발판으로 성공했나

내가 뉴욕이나 LA에서 지내며 만난 이민 1세대들은 1970년대에 세탁소, 봉제 공장, 한국 식당, 액세서리 숍, 델리(delicatessen, 조리된 육류나 치즈, 수입 식품과 간단한 식사 등을 파는 가게) 등을 운영하며 24시간이 모자라도록 일만 해서 지금의 부를 이룬 분들이다.

요즘에는 맨해튼에서도 핵심지역이라 할 수 있는 미드타운에서 큰돈을 굴리는 한인 부자들로 성장한 사람들도 상당히 많아졌다. 실제로 뉴욕 맨해튼의 건물을 소유하고 큰 규모의 델리를 운영하고 있는 한인 사장님으로부터 다양한 노하우를 들을 기회가 있었다.

그 사장님은 맨해튼에 건물을 무려 다섯 채나 보유하고 있었다. 그중에서도 맨해튼의 핵심지역인 55번가와 렉싱턴 애비뉴 근처에 있는 건물은 매입 당시 1500만 달러(약 160억 원)에 달하던 가격이 4년 후 무려 2500만 달러까지 치솟았다고 한다. 심지어 한 개의 공실도 없이 한 달에 10만 달러(약 1억 1000만 원)씩 임대수익을 올리는 건물로 둔갑한 것이다.

물론 그 사장님도 처음 미국으로 건너와서 세 번이나 사업에 실패해 가진 돈을 모두 잃었던 과거가 있다고 한다. 온 가족이 벼랑 끝으로 몰리는 상황도 겪었다. 그랬던 사장님은 다시 일어서기 위해 코리아타운에 작은 김밥집을 차렸다. 마침 유동인구가 많은 지역에 임대료도 매우 저렴한 점포를 얻어 24시간 영업을 하며 기반을 다졌다. 이때 사장님은 사업에 있어서 로케이션(입지)이 얼마나 중요한지를 뼈저리게 배웠다고 했다. 그 점포가 바로 부동산 투자의 기반이 됐다. 면밀한 시장 조사와 사업에 대한 노력을 기반으로 결국 맨해튼에 건물 다섯 채를 사들인 신흥 부자로 거듭났다.

이는 비단 코리아타운의 한인 부자들에게만 해당되는 이야기는 아니다. 한인 1세대가 주로 현지에 발을 붙이기 위해 시작했던 세탁소, 델리, 향수·주얼리·패션 도매상 등의 사업들은 요즘 인도, 파키스탄, 방글라데시, 이란 등 중동 사람들이 이어받아 치열하게 꾸려나가고 있다.

그들도 한국 1세대 부자들과 마찬가지로 자식 유학을 위해 미국으로 건너와 부동산 투자를 시작하고, 또 이를 기반으로 가족들을 모두 데리고 들어와 일하며 살고 있다. 이들 또한 세계인들을 상대로 착실하게 부를 쌓아가고 있는 것이다.

현지에서 생활하고 있는 한국인들은 모두 나의 부동산 선생님들이다. 지금 내가 독자들에게 나의 부동산 투자 노하우를 알려주고 있듯 해외 투자 정보를 포함해 다양한 경험을 그들을 통해 많이 얻을 수 있었다. 이런 노하우들은 어떤 학교에서도 배울 수 없는 현장의 살아 있는 지식들이다.

이런 경험을 토대로 나는 다른 나라로 현장 답사를 가기 전에 꼭 현지에서 만날 사람들을 미리 리스트업 한다. 부동산 중개업자는 물론이고 현지의 변호사, 유학원 원장, 여행사 직원 등도 모두 리스트에 포함돼 있다. 누구보다 현지 부동산의 시세부터 학군 관련 부동산 관망세, 지역의 맛집과 쇼핑 정보 등 최신 정보를 빠르게 얻을 수 있는 소중한 취재원들이기 때문이다. 그들에게 얻은 정보들은 나의 부동산 투자에 매우 귀중한 기초정보가 된다.

투자의 3:7 법칙을 기억하라

뉴욕에서 지내며 부동산 투자를 할 때 내가 꼭 지켰던 내 나름대로의 투자 원칙이 있었다. 투자의 3:3:3 원칙. 장기적인 부동산에 33퍼센트, 수익성을 고려한 사업에 33퍼센트, 안전한 자산인 현금과 예금에 33퍼센트를 배분해 포트폴리오를 확보하는 것이다. 절호의 찬스가 왔을 때 놓치지 않기 위해 언제든 융통할 수 있는 현금을 확보하려는 나만의 자본 관리 비율인 셈이다.

특히 부동산이라는 것은 내가 필요한 그 순간에 현금화를 못 할 가능성을 배제할 수 없는 투자처기 때문에 여유 자금을 확보하는 것이 중요하다. 또 당시에는 뉴욕에서 주얼리숍이라는 비즈니스를 병행하고 있어 매년 지속적으로 부동산 투자를 위한 목적자금(목돈)과 유동자금(주얼리숍의 매출)을 확보해야 했다.

최근에는 시대가 변함에 따라 투자의 원칙도 조금 바뀌었다. 바로 3:7 법칙이다. 이제는 젊은 시절보다는 조금 안정적인 투자를 생각해 이 원칙을 지키려고 한다. 30퍼센트는 현금에, 나머지 70퍼센트는 수익이 되는 자산에 투자하는 것이다. 수익이 되는 자산이라 함은 임대용 부동산이나 금이나 채권 같은 현물, 또는 달러를 벌 수 있는 사업체 등을 말하는 것으로, 사실 모두 현금과 직결되어 있다.

나는 지금이라도 여유가 된다면 당장 해외 부동산에 투자를 해야 한다고 생각하는 사람이다. 물론 지금도 발이 빠른 국내 투자자들 중에는 이미 해외 부동산에 관심을 가지고 투자하고 있는 사람들도 있을 것이다.

혹시 지금 해외 부동산에 관심을 갖는 것이 늦은 것은 아닌지 생각하는 분들에게 당부한다. 부동산 투자에 있어서 늦은 시기라는 건 없다. 어떤 식으로든 투자를 하려고 마음만 먹으면 길은 찾아지기 마련이다. 단, 그만큼의 열과 성을 다해 공부하고 발로 뛰어다닐 마음과 인내력이 뒷받침되어야 한다.

더구나 해외에 나가는 것이 국내를 여행하는 것만큼이나 쉬워진 시대를 살고 있지 않은가. 조금이라도 해외 부동산에 관심을 갖게 된다면 지금이라도 당장 행동에 옮겨야 투자의 적기를 만날 수 있다.

영어?
해외 투자와
상관없다

한국 사람들이 해외 투자를 시작할 때 가장 두려움을 느끼는 부분이 바로 커뮤니케이션이다. 전 재산과도 같은 목돈을 걸고 거래를 해야 하는 부동산 거래에서 누구라도 두려움을 느끼는 것은 당연하다.

어떤 나라든 부동산 거래를 하는 데 있어서 중개인 역할을 하는 사람들이 있다. 특히 미국의 경우 부동산 구매자와 판매자 모두 법적 대리인의 역할을 하는 중개업자 또는 변호사를 두고 계약을 해야 한다. 또 비즈니스를 위해 부동산 계약이 필요하거나 고용 계약이 필요한 경우 등 모든 계약과 관련해선 법적 대리인인 변호사가 있어야 한다. 당사자들끼리 만나 구두계약을 하고, 단순히 서류에 서명을 하는 것으로는 계약이 성립되지 않는 제도적 장치가 마련되어 있다. 이처럼 법적으로 안전하게 보호를 받기 때문에 억울한 일이 발생하거나 사기를 당할 일이 많지 않다.

미국이라는 나라는 '변호사 천국'이라는 말이 있을 정도로 변호사가 엄청나게 많고 모든 법적인 부분을 변호사가 맡아 처리한다. 게다가 비즈니스, 부동산, 가정법률 등 분야별로 각각의 자격증을 가지고 있는 전문 변호사가 확실하게 나뉘어 있다. 우리 같은 일반 사람들이 일일이 챙길 수 없는 내용들이 세부적으로 너무나 많기 때문에, 해당 분야의 변호사를 고용해 진행하는 것이 가장 빠르고 안전한 선택이다. 영어 문제 정도는 자신의 대리인을 통해 해결

할 수 있으므로 큰 문제가 되지 않는다.

　미국 내에서 비즈니스를 할 경우나 부동산 거래를 할 경우에는 미국에 살고 있는 한국인 변호사를 고용하는 것이 가장 좋다. 미국 제도를 잘 알고 있으면서 말도 통하고 정서적으로 세심하게 챙겨주기 때문에 디테일한 소통도 가능하다.

　물론 투자에 대한 계획과 목적 설정은 본인이 확실하게 세워야 한다. 비즈니스의 경우 본인의 취향이나 성향에 맞는, 즉 자신이 운영할 자신이 있는 사업 분야에 맞춰 방향과 계획을 세워야 하며, 부동산 투자의 경우 주거용인지, 렌트를 줄 건지, 사무실 용도인지 등 목적에 대한 결정이 반드시 선행되어야 한다.

위기가 기회가 된다는 말처럼

당시 외국인을 상대로 사업을 했던 사람들은

환율로 이득을 볼 수 있는 달러를 많이 확보할 수 있어

엄청난 재산을 모을 수 있었다.

해외의 사업체들을 관리하고 달러 동향을 파악해

다양한 곳에 투자를 결정하는 것은

자산가들이 돈을 잃지 않기 위해 가장 기본적으로 활용하는 방법이었다.

그들은 누구보다 달러의 흐름을 빠르게 알고 움직인다.

[2장]

국내 부동산 시장의 한계 뛰어넘기

나는
700만 원으로
시작했다

누군가에게 부동산 이야기를 꺼낼 때마다 데뷔 시절의 이야기부터 시작해 나와 내 동생의 학비, 그리고 부모님의 생활비를 책임졌던 그 시절의 이야기를 줄곧 한다. 그만큼 가난했기 때문에 돈을 벌어야 하는 이유가 무엇보다 분명했다. 또 돈을 벌어오면서 항시 근검절약을 실천해온 내 삶을 스스로 반추하기 위한 목적도 크다.

누구나 자산과 투자에 조금만 관심을 더 기울이고, 또 조금만 더 노력해 발품을 팔아 좋은 매물을 발견하고, 또 투자를 시작할 수 있다면 자신이 가진 지식과 재산을 합법적인 범위 내에서 크게 키우고, 부를 이룰 수 있음을 나를 통해 확인시켜주고 싶다.

영화 출연료로 시작한 첫 투자

누구나 부동산 투자를 떠올리면 각자 느끼는 매력이 다를 것이다. 내 경우에는 부동산 투자를 시작하게 된 계기와 내가 느낀 부동산 투자의 매력이 일맥상통한다.

어린 시절, 연예계 데뷔를 할 당시에만 해도 부동산이라는 자산의 가치뿐만 아니라 투자라는 것에 대해서 전혀 지식이 없었다. 더구나 나는 흙수저 집안에서 태어나 가난을 누구보다 먼저 경험했다. 집이 너무 가난해 늘 이사를 다녔고, 방이 두 개인 집에 살아본 기억은 거의 없다.

아버지가 물려준 가난은 나에게는 너무나 큰 짐이었다. 하지만 가난은 나에게 동시에 큰 교훈을 남겼다. '가난하면 안 된다.' '절대로 노름을 하지 마라.' '인생에는 공짜가 없다.' 구구절절 맞는 이야기다. 아마 직접 가난을 체험하고, 또 뼈저리게 느꼈기 때문일까. 당시 나는 먼 미래의 막연한 성공보다는, 당장 돈을 많이 벌고 싶은 생각뿐이었다.

돈을 많이 벌어서 가난에서 벗어나고, 멋진 집에서 멋진 삶을 한 번 살아보겠다는 어릴 적 그 꿈이 어쩌면 내 인생의 모범 답안이 되어준 것일지도 모르겠다.

연예인 생활을 시작하고 난 후 운 좋게도 '날 보러 와요'라는 노래가 인기를 얻었다. 문제는 노래가 떴다고 해서 내가 부자가 된 것은 아니라는 점이다. 돈은 제작자가 벌었다. 그래도 노래의 인기 덕분에 나를 불러주는 곳이 많아졌고, 나는 나를 찾는 곳이면 어디든 마다하지 않고 달려갔다. 그렇게 악착같이 돈을 벌기 시작하면서 조금씩 돈이 모이면 무조건 저축을 했다.

어린 시절부터 고생을 하며 사는 모습에 하늘도 감동을 했는지 큰 기회가 찾아왔다. 내 노래 '날 보러 와요'가 큰 사랑을 받자 동명의 영화가 제작되었는데 나에게 출연 제안이 들어온 것이다. 당시에 영화 출연료로 받은 700만 원은 1980년대 무렵임을 감안하면 꽤 거금이었다. 생각지도 못한 목돈이 들어오니 눈앞이 막막했다. 과연 이 돈을 어떻게 써야 할지 고민을 하고 있던 중 당시 지방 행사에서 만난 유성온천 나이트클럽 사장님이 유성온천 근처에 있는 과수원 땅 2000평을 소개해주었다. 그렇게 나의 부동산 첫 투자가 시작되었다.

지금 와서 생각해보면 멋모르고 시작한 첫 투자에 아쉬운 점도 많았고, 결과적으로도 그 땅을 사서 큰 수익은 보지 못했다. 하지만 일단 부동산 투자의 첫 스타트 테이프를 끊었고, 이를 교훈으로 삼아 땅 투자에 대한 공부를 하게 된 계기가 되었으니, 수익보다도 값진 경험을 한 셈이다. 그때의 경험으로 나는 투자에 눈을 떴고, 재미를 붙이기 시작했다.

푼돈과 목돈을 구분하라

돈에도 종류가 있고, 그 종류에 맞게 투자를 하거나 써야 할 분야가 나뉜다. 우선 푼돈과 목돈이라는 것이 있다. 푼돈은 악착같이 모으는 과정을 거치는 돈을 의미하고, 목돈은 사업이나 부동산 투자처럼 규모가 큰 무엇인가를 할 수 있는 큰돈을 말한다. 내가 출연료를 땅 투자에 몽땅 써버린 것은 어쩌면 처음으로 받은 목돈에 대한 개념이 부족했던 탓인지도 모른다.

나는 평소 푼돈을 정말 아끼는 편이다. 치사할 정도로 따지고, 깎을 수 있으면 반드시 깎는다. 영수증도 꼭 챙긴다. 이런 점은 어릴 적부터 몸에 밴 근검절약과 또 푼돈으로 목돈을 만들어본 개미 근성 때문이다.

누구나 저금과 적금 등을 활용해 목돈을 만드는 과정을 경험했을 것이다. 나 또한 그렇다. 나는 고등학생 때 소녀 가장이 되었기 때문에 치열하게 절약할 수밖에 없었다. 1000만 원을 모으기 위해 방송국까지 걸어서 다녔고, 5000만 원을 모으기 위해 가장 저렴했던 10년 된 포니를 타고 다녔다. 1억 원을 모으기 위해 안 쓰고, 안 먹고 5000원짜리 옷을 입고 다녔다. 그렇게 3년 만에 1억 원을 모았다. 악착같은 인내심과 지독한 근검절약이 결국 목돈을 만들었고, 이런 과정이 나의 부를 키워주었다고 확신한다.

나는 1년 단위로 3년, 5년, 10년 자금 계획을 짜고 계속해서 큰돈을 만들었다. 푼돈은 목돈을 만들어주는 기초다. 푼돈을 아끼고 절약하면 자세와 생각부터 바뀌면서 부자로 갈 수 있는 길이 보인다.

반면 조금 더 큰 목돈을 운용하면서 더 큰 행복을 이끌어낼 수 있는 매력을 가진 것이 바로 부동산이다. 부동산은 땅이든, 아파트든, 상가든 시간이 흘러도 사라지지 않는다. 재개발이나 도시계획 등 정책과 경기의 흐름에 따라 정도의 차이는 있어도 부동산은 꾸준히 가격이 상승했다. 처음 유성온천의 땅을 덜컥 사들였던 때부터 지금까지를 돌아보아도 내가 굉장히 큰돈을 만질 수 있게 해준 것은 부동산이었다.

여전히 많은 사람들이 부동산 투자를 한다고 하면 나를 색안경을 끼고 본다. 내 직업이 연예인이기 때문에 부동산 투자에서도 특별한 이득을 본다고 생각한다. 마치 내가 나의 얼굴을 내세워 계약에서 단돈 10원이라도 이익을 보는 줄 아는 것이다. 이는 철저한 오해다.

오히려 사람들은 내게 더 엄격하다. 절대 연예인이라고 봐주는 법이 없다. 투자의 세계에서, 특히 부동산이라는 세계에서는 더

욱. 내 인생의 모토 중 하나가 바로 '인생에는 공짜가 없다.'는 것
이다. 오히려 연예인이라는 배경 때문에 계약금을 더 많이 받아내
려고 하지, 절대로 더 좋은 조건으로 계약을 맺어주는 사람은 지
금껏 없었다.

나만의 부동산 철학을 가져라

내가 부동산 투자를 비롯해 다양한 투자에 관심을 가지는 사람
들을 보며 가장 안타깝게 생각하는 것이 있다. 사람들은 남들이
투자하는 것에 대해 비난하기도 하고 부러워하기도 하면서 정작
자신의 투자에 있어서는 자신만의 철학이나 방법을 찾지 못하고
갈팡질팡한다는 것이다.

부동산을 활용할 수 있는 다양한 방법들이 있음에도 불구하고,
사람들은 그 방법을 모르고 있다. 아니, 그보다 그저 쉽게 누군가
나의 자산을 불려주기만을 바랄 뿐, 남들이 하는 방식을 그저 답
습하는 수준에 머물러 있다.

부동산 투자에 제대로 뛰어들려면 임대를 주거나 집을 옮기는
등 험난한 여정과 번거로움을 감수할 작정을 해야 한다. 그 정도
의 고생도 하지 않고서 돈을 벌려고 하거나 부자가 되려고 한다면
공짜 인생을 바라는 것이다. 다시 한번 말하지만 인생에 공짜는

없다.

집이 팔리지 않는다고 앓는 소리를 할 시간에 작전을 짜서 전세를 놓고 잠시 상황을 보는 것이 보다 현명한 방법일 수 있다. 부동산도 자신이 얼마나 공을 들이고 발품을 파느냐에 따라 그 대가를 선사하는 매우 정직한 투자처라고 확신한다.

내 경우에는 부동산을 살 때, 아파트건 오피스텔이건 빌라건 최초 분양가를 반드시 확인한다. 최초 분양가를 알아야 지금 가격이 얼마나 오른 가격인지, 앞으로 얼마나 더 오를 수 있는지를 가늠할 수 있기 때문이다.

미국의 경우, 만약 1912년에 지어진 집이라면 언제 리노베이션을 했고 몇 번 판매가 되었는지, 부동산에 대한 모든 것이 데이터화되어 있다. 부동산의 데이터들을 보고 있으면 누가 얼마를 남겼는지, 당시의 시세를 고려할 때 적정한 이득을 본 것인지 손해를 본 것인지도 판단할 수 있다.

또한 최소 3년간 이 집에서 무슨 일들이 있었는지 밝히고 있기 때문에 집에서 큰 사고나 불미스러운 사건이 발생한 적은 없는지 등도 확인할 수 있다. 자신의 투자처라고 생각되는 부동산을 발견했다면, 먼지 한 톨까지도 파악할 수 있는 조사력과 노력을 게을리해서는 안 된다.

사람은
배신해도
돈은
배신하지
않는다

100세 시대에 인생의 절반을 넘긴 지금, 되돌아보면 사람들은 나를 배신하기도 했지만 돈은 나에게 항상 좋은 선택지와 행복을 주며 그 자리에서 나를 지켜주었다.

나에게 역마살이 있다는 사실을 지금에 와서 보니 인정하지 않을 수 없다. 현재 난 서울, 제주도, 뉴욕, LA, 하와이에 있는 건물을 오가며 살고 있다. 그리고 그동안 내가 투자를 했거나 투자를 고려하면서 실제로 거주했던 지역들을 떠올려보면 나는 어딘가에서 오래 머물러 있을 운명은 아닌 것 같다는 생각이 들 정도다.

서울, 미국, 캐나다, 호주, 일본, 태국, 대만, 홍콩, 말레이시아, 필리핀, 베트남 등은 물론 각 나라의 도시들까지 일일이 나열하면 헤아릴 수 없을 만큼 많다. 맨해튼에서 비즈니스를 하면서 마이애미에 투자할 곳이 있는지 기웃거렸고, 잠시 뉴욕을 떠나 있을 동안에도 캐나다에 투자할 곳이 없는지 조사를 했었다. 태평양을 건너 호주로 날아가기도 했었다.

대부분의 사람들은 직장을 다니며 월급을 받거나 사업을 일구어 이윤을 남기거나 투자를 해서 배당금을 받으며 돈을 번다. 이처럼 어떤 식으로든 돈을 버는 것은 굉장히 중요하다. 앞으로도 오래도록 지금 수준의 수입이 유지된다는 보장만 있다면 걱정할 것이 무엇 있겠는가.

게다가 인생에 있어서 기회는 여러 번 오지 않는다. 그렇듯 내가 돈을 벌 수 있는 시간도, 기회도 매번 찾아오는 것이 아니다. 어쩌면 내게 있어서 부동산이라는 기회가 찾아왔고 운 좋게도 나의 기운과 잘 맞아떨어진 듯하다.

내 인생은 월급쟁이의 삶이 아니었다. 연예인으로서 불투명한 인생을 빠르게 치고 나와 새로운 인생에 도전했다. 돈, 즉 달러의 소중함을 일찍 알고 있었기에 가능했던 일이었다. 연예인 생활을 하며 수없이 해외 공연을 다닐 때 그저 놀며 지내지 않았고, 각 나라의 경제를 읽게 되면서 달러에 눈이 뜨였다. 현재 세계 공용 화폐인 달러의 힘은 무엇보다도 강력하다. 드디어 달러가 재테크의 기본이 될 시기가 온 것이다.

부동산이 주식과 다른 이유

내가 부동산에 큰 메리트가 있다고 강조하는 이유는 주식과는 많은 부분에서 다르기 때문이다. 부동산은 경기의 흐름을 잘 맞추기만 하면 주식처럼 밑바닥으로 떨어지지 않는다. 주식 같은 경우에는 회사가 망하면 주식이 휴지 조각이 되어버리기도 하겠지만, 부동산의 경우에는 오르고 내리는 등락의 폭은 있을지언정 부동산이 사라져버리는 일은 결코 없다.

맨해튼에서도 부동산 경기가 나빠 가격이 폭락을 하는 시기에는 최대 10~15퍼센트, 외곽의 경우에는 30퍼센트까지 떨어지기도 한다. 그래도 로케이션이 좋다면 큰 폭락을 겪지 않는다. 현재 미국 부동산은 떨어진 20퍼센트에서 30퍼센트 정도 회복해 오히려 10퍼센트 오른 상태다.

요즘도 사람들이 종종 나에게 부동산 가격이 오를 것인지 내릴 것인지 물어온다. 그러면 나는 내게 가격을 물어보는 사람이 보유한 부동산이 속한 지역을 고려해 현장에서 거래 비중을 확인하고, 특히 달러에 대해 예측한 후 내 예상을 말하곤 한다. 적중률은

80~90퍼센트 정도다. 오로지 현장을 발로 뛰며 눈으로 확인한 물건을 내 스스로 결정할 수 있을 때 진정한 부동산 투자자로 거듭날 수 있다.

흥미로운 것은 지금껏 내가 만난 대다수의 주식 투자자들도 궁극적인 마지막 목표로 삼은 것은 건물, 땅, 내 집 마련 등 결국 부동산이었다.

돈이 따르는 부자들의 인간관계

부자가 되기 위해서는 인간관계도 잘 다룰 수 있어야 한다. 흔히 말하는 좋은 인간관계를 형성해야 한다는 식의 결론은 아니니 주의를 기울여보길 바란다.

IMF 외환위기 당시에, 나는 그동안 열심히 일해서 모은 돈을 사기 당하고 말았다. 사람으로부터 배신을 당했던 기억은 나에게 말로 설명할 수 없는 고통과 억울함, 허망한 기분을 남겼다. 나에게 사기를 친 사람은 공소시효 7년에서 한 달을 남겨두고 구속이 되었지만, 나는 그때까지 돈을 찾기 위해 혼자서 싸워야만 했다.

나를 비롯해 많은 사람들이 피해를 봤지만, 잘못된 판단으로 한 푼도 돌려받지 못한 사람들도 있었다. 그때 나는 깨달았다. 사람은 언제든 배신할 수 있다는 것을. 하지만 돈은 정직하다는 것을.

내가 어떤 마음가짐을 가지고 있느냐에 따라 돈이라는 것은 나에게 머물 수도, 나를 영원히 떠날 수도 있다는 것을 뼈저리게 경험했다. 그 후 나는 자수성가형 부자들이 어떻게 스스로 돈을 벌어왔는지를 연구하며 '악질 방미(내가 운영하는 블로그의 프로필명)'로 살아갈 것이라고 다짐했다.

부자들이 역점을 두는 것 중 하나가 바로 인간관계다. 나처럼 사람에게 호된 경험을 해본 사람들이라면 누구라도 돈과 인간관계에 있어서 자신만의 노하우를 만들어놓기 마련이다. 나의 경우 철저하게 소수의 사람들만을 상대한다. 특히 생각에 깊이가 있고 결단력이 있는 사람들과 어울리는 것을 좋아한다.

지금은 내가 필요할 때 사람들을 직원으로 고용해서 내게 필요한 일을 함께하고, 그 일에 대한 대가로 보수를 지급한다. 이제 사람 사이의 정이나 사랑에 이끌려 일을 하기보다는 일에 대한 확실한 대가로 돈을 주고, 상대방은 나에게 정당한 노동을 제공하는 합리적인 인간관계에 더욱 익숙해졌다.

아직까지는 그 외의 더 좋은 답을 찾지 못했다. 적어도 더 이상 사람들에게 상처를 받거나 배신을 당하지 않기 위해서는 당분간 이런 인간관계를 유지할 것이다. 그만큼 나에게 인간관계는 복잡다단한 문제였다. 특히 내가 자산가라는 소문을 듣고 돈을 빌려달라는 부탁을 했던 사람들과의 관계에서는 더욱 그랬다.

돈이라는 건 빌려주고도 욕을 먹고, 안 빌려줘도 욕을 먹는 이상한 물건인 셈이다. 그래서 나는 특단의 조치로 해외 체류라는 강수를 두었다. 해외로 떠나 사람들과 연락이 끊긴 상태에서는 누구도 나에게 연락을 취하기 어렵기 때문이다. 이것이 바로 나만의 노하우다.

미국 뉴욕의 부동산을 쥐락펴락하는 유태인이든, 전 세계적으로 조금씩 투자를 시작한 중국인이든 그들이 부자가 되기까지 오만가지 시행착오가 많았을 것이다. 어떤 식으로든 자신만의 투자 철학과 고집이 없었다면, 또 사람을 다루는 데 자신만의 노하우가 없었다면 그들이 지금의 부를 쌓는 것은 불가능했을 것이다.

이것이 가장 기본이다. 기본이 제대로 확립이 되어 있다면 나머지 방법론적인 부분들은 자연스럽게 따라오기 마련이다. 지금껏 내가 만나본 성공한 사람들은 모두 그러했다. 나 역시 그들을 보며 많이 배웠던 것이 사실이다.

**달러가
쌀이면
기회도
쌓인다**

　지금부터 해외 투자에서 가장 중요한 달러와 환율에 관한 이야기를 하려고 한다. 1997년이라고 하면 이제 누구나 자연스럽게 IMF라는 단어를 떠올리듯, 당시 한국 사회에 몰아친 외환위기라는 큰 파도는 우리에게 많은 상처를 남겼다.

　개인적으로는 그보다 몇 년 앞서 10억 원 정도 사기를 당해 어려움을 겪고 있던 시절이기도 하다. 은행 빚을 갚지 못해 경매로 넘어가는 강남권 아파트가 수두룩했기에 이때 사기만 당하지 않았으면 아마 지금과는 비교도 안 될 정도의 부를 이루었을 것이다.

아무튼 현금을 사기 당하고 나에게 남은 건 달랑 집 한 채였다. 그 집이 바로 지금은 파라곤 빌라로 재건축된 청담동 효성 빌라다. 다행히도 빚은 없었기 때문에 다시 일어날 수 있었다. 집 한 채가 나의 운명을 좌우하는 순간이었다.

환율의 흐름을 읽어라

먼저 환율은 우리가 IMF 외환위기를 통해 뼈저리게 힘든 시절을 겪었던 것처럼 세상을 사는 누구에게나 매우 중요한 문제다. 달러 보유액이 부족해지기 시작하면 외국인 투자자금이 빠져나가고, 외국 기업들은 투자를 멈추고 자금을 빼돌리기 시작하므로 환율이 마구 치솟기 시작한다.

IMF 당시 2000원을 웃도는 달러 환율로 인해 사업을 하던 개인들은 부도를 맞아야 했고, 보유하고 있던 부동산을 팔아 부도를 막으려는 바람에 부동산 매물이 우후죽순처럼 쏟아져 나왔었다.

당시는 압구정동의 아파트가 3억 원에 경매로 넘어가던 시기였다. 그래도 현금이 말라 누구도 쉽게 사려고 나서질 못하고 물건들이 경매 시장으로 팔려가는 것이 일상적일 정도였다. 사실 이런 때가 돈을 벌 수 있는 적기인 것은 맞지만, 이때는 모두가 어려웠다.

나 역시 마찬가지였다.

당시 나는 빌라를 팔아서 받은 10억 원이라는 현금을 제2금융권인 상호신용금고에 넣어두고 이자를 1000만 원씩 받기도 했었다. 그런데 IMF가 터지고 상호신용금고들이 파산을 했고, 나는 10억 원이란 돈을 선배 소개로 알게 된 사람한테 사기를 당해 목돈이 없는 상황이었기에 싼값에 나온 부동산들을 그냥 두고 볼 수밖에 없었다.

그때 비로소 느낄 수 있었다. 큰 부는 하늘이 내리는 것이고, 나라는 사람에게는 열심히 일해서 노력한 만큼만 내려준다는 것을 말이다.

달러는 많을수록 좋다

그렇다고 내가 운이 없었다는 말은 아니다. 지금부터 소개하고자 하는 이야기는 절대적으로 나의 노력에 더해 운이 따랐다는 점을 미리 밝혀둔다. 자칫 나의 의도와는 무관하게 투기로 비쳐질 수 있는 내용을 담고 있기 때문이다.

IMF를 겪으며 정말 많은 것을 배울 수 있었다. 투자의 기본 상식인 환율과 관련된 것들을 공부해야 한다는 것은 물론, 어려울 때일수록 기회를 잡을 수 있다는 원론적인 깨달음을 몸소 체험할 수 있었다.

IMF 이전까지 800원대를 유지하던 달러 환율은 1997년 말에 이르자 2000원 가까이 치솟았다. 당시 나는 미국에 체류하고 있었는데 20만 달러 정도의 현금을 보유하고 있었다. 한국에 외환이 부족하다는 소식을 접하고나서 바로 자동차, 피아노 등 바로 현금화할 수 있는 것들을 최대한 정리했다. 대략 10만 달러 정도의 현금을 한국으로 보내자 두 배 가깝게 불어나는 효과를 얻을 수 있었다. 그때의 경험으로 나는 환율로도 재테크가 가능하다는 것에 눈을 뜨기 시작했다.

위기가 기회가 된다는 말처럼 당시 외국인을 상대로 사업을 했던 사람들은 환율로 이득을 볼 수 있는 달러를 많이 확보할 수 있어 엄청난 재산을 모을 수 있었다. 2000년 이전 한국에서 부자라고 할 수 있는 사람들이 전체 인구 중 1퍼센트에 불과했다면, IMF 이후에는 그 숫자가 더 올라갔다. 해외의 사업체들을 관리하고 달러 동향을 파악해 다양한 곳에 투자를 결정하는 것은 자산가들이 돈을 잃지 않기 위해 가장 기본적으로 활용하는 방법이었다. 그들은 누구보다 달러의 흐름을 빠르게 알고 움직인다.

1983년 LA 공연을 시작으로 미국과 한국을 십수 년간 오가며, 이모가 계신 뉴욕으로 여행도 가고 심지어 머물기도 하면서 내가 발견한 것은 바로 해외 시장의 가능성이었다. 해외 시장과 국내 시장을 비교할 때 가장 큰 차이점이라면 전 세계를 상대로 비즈니스를 한다는 점이고, 비즈니스를 위해 사용되는 화폐가 바로 달러라는 점이다.

IMF를 겪으며 환율이 두 배 가까이 오르는 것을 실감한 나로서는 달러의 매력에 빠질 수밖에 없었다. 그렇게 나는 화려했던 연예계 생활을 접고, 장사꾼도 아니고 사업가도 아니면서 전 세계 비즈니스맨들이라면 꼭 한 번쯤 장사를 하고 싶어 하는 맨해튼 브로드웨이에서 홀세일 비즈니스(도매)를 시작하게 되었다.

세상에 쉬운 일은 없다. 그러나 노력하고 최선을 다한다면 틀림없이 성공해서 자신이 좋아하고 원하는 모든 것을 가질 수 있다는 진리를 깨달을 것이다.

IMF와
서브프라임
사태를
이겨낸 비결

자, 한번 생각해보자. 만약 직장을 계속 다닐 수 있다면, 평생 꼬박꼬박 월급을 받아 생활할 수 있다면, 위험을 감수하면서 투자를 할 필요가 있을까. 만약 사업을 운영하고 있는데 평생을 운영해도 불경기가 오지 않는 아이템을 가지고 있다면, 군이 로또를 사거나 주식에 미련을 가질 필요가 있을까.

나 역시 마찬가지다. 내가 연예인으로서 평생 돈 걱정 없이 살 수 있다면, 왜 부동산에 투자를 하고 한국을 떠나 해외에서 돈이

될 만한 지역을 찾아 발에 땀이 나도록 걸어다니면서 조사를 했겠
는가. 물론 부동산을 조사하기 위해 세계를 돌아다니는 일에 흥미
를 느낀 것은 분명한 사실이다. 그럼에도 내가 그토록 돌아다녀야
만 했던 이유는 다름 아닌 돈, 달러를 벌기 위함이었다.

　소위 오늘날 잘나간다는 연예인들이 부동산에 투자를 하는 것
은 언젠가 자신의 위치에서 내려올 것을 대비한 준비작업이라고
생각하면 된다. 다만 그들의 투자금액이 일반인들의 예산과는 다
소 거리감이 있는 것이 분명하지만, 그들도 그만큼의 불안함을 늘
안고 살고 있다는 것을 알아주면 좋겠다. 이처럼 미래를 위한 투
자의 한 수단으로 부동산에 사람들이 몰리는 것이다.

해외 부동산 진출이 내게 준 기회

　다행히도 나는 불투명한 미래에 대한 위기감을 유연하게 헤쳐
나갈 수 있었다. 국내 부동산 시장이 아닌 해외 부동산 시장으로
눈을 돌릴 수 있었기 때문이다.

　2000년에는 미국의 부동산 재벌 도널트 트럼프가 지은 뉴욕의
콘도미니엄 '트럼프플레이스'를 32만 달러에 분양받아 다음 해
두 배에 가까운 금액으로 판매를 하면서 부동산 시장의 큰 가능성
을 보았다. 물론 국내에 보유하고 있던 부동산들도 틈틈이 관리를

하며 2002년에는 꿈에 그리던 이태원의 유엔빌리지 주택을 구입하기에 이르렀다.

이렇게 간단하게 그동안의 이야기를 풀어내고 있지만, 매 순간 나는 전문가의 분석도 멘토의 도움도 없이 나 스스로 발로 뛰고 정보를 수집하며 '가수 방미'가 아닌 '부동산 투자자 방미'로서의 삶을 치열하게 살아왔다고 자부한다.

아주 어릴 적부터 공연차 재벌 집에 가면 그냥 지나치지 않고 그들이 사는 곳은 어떤 곳인지, 어떤 곳에 모여 사는지 동네를 눈여겨보며 주시했다. 그 덕분에 큰돈이 되는 핵심 부동산을 발견할 수 있었고 이는 해외에서도 마찬가지였다.

내가 부동산 투자에 매진하면서도 위험을 분산시킬 수 있었던 것은 사업 또한 함께 확장시키려는 노력을 병행했기 때문이다. 연예인 활동을 하던 시절, 뉴욕을 종종 방문하면서 다양한 사업 아이템에 대한 조사를 하다가 주얼리 시장에 대한 수요를 엿볼 수 있었고 이는 해외에서도 마찬가지였다.

특히 뉴욕은 전 세계인을 상대로 비즈니스를 할 수 있다는 것이 최고의 장점이다. 물론 서브프라임 사태가 터지면서 약간의 타격을 입긴 했다. 다행히도 홀세일(wholesale, 도매)과 리테일(retail, 소매)을 병행하고 있었고, 주얼리 구매부터 실내 장식에 이르기까지 어느 것 하나 내 손을 거치지 않은 것이 없을 만큼 정성을 다해 사업을 일구었다.

잔잔한 파도에서는 서핑을 할 수 없다

미국 서브프라임 사태 당시 부동산 시장은 그야말로 요동을 치고 있었다. 많은 사람들이 자신들이 가지고 있던 부동산들을 헐값에 내놓는 것이 다반사였다. 그때가 나에겐 바로 기회였다.

가장 이상적인 투자는 최초의 분양가로 구입을 해서 가격이 오르기를 기다렸다가 파는 것이다. 따라서 서브프라임 사태 당시에 위기감을 느끼고 가격을 훨씬 다운시켜 내놓은 부동산들을 매입하는 것은 어쩌면 당연한 일이었는지도 모른다. 그리고 운이 좋게도 나는 이미 한국에서 IMF를 겪으며 이 시장의 생리를 직접 목격한 경험이 있었다. 그 덕분에 나는 마이애미의 콘도를 시세보다 40퍼센트 싸게 구입할 수 있었다.

우리는 10년 주기로 IMF와 서브프라임 사태라는 큰 파도를 한 번씩 경험했다. 그리고 앞으로 그런 경제 위기가 다시 오지 않으리라고 장담할 수 없는 것이 현실이다. 내가 볼 때 이러한 기회가 조만간 곧 다시 찾아올 것이고, 이번에도 미리 준비하고 있는 사람만이 기회를 잡을 것이다.

뉴욕, 새로운 삶이 시작되는 곳

1985년, 뉴저지에 살고 계셨던 이모네 식구들과 함께 허드슨강 가에서 맨해튼을 바라보며 언젠가 연예계 활동을 그만두면 뉴욕에서 제2의 인생을 시작하고 싶다는 꿈을 꾸었다. 전 세계의 사람들이 모여 사는 곳, 그들의 삶 자체가 하나의 스타일로 자리 잡은 곳, 미국을 상징하는 자유의 여신상부터 뮤지컬 배우들이 꿈꾸는 브로드웨이, 도심 속 최고의 녹지 공원인 센트럴파크, 미국 최고의 명문 패션 학교인 파슨스스쿨, 세계의 돈을 쥐락펴락하는 월스트리트까지, 뉴욕이란 어느 것 하나 버릴 것 없이 매력적인 도시다.

내가 처음 뉴욕에 갔던 1983년만 해도 지금의 뉴욕과는 다른 분위기였다. 마치 영화 〈대부〉의 한 장면처럼 이탈리아계 마피아들이 대부분의 지역을 장악하고 있던 시절이다. 치안은 극히 불안정한 상태였고, LA나 다른 도시들에 비해 상대적으로 분위기가 어두웠던 것으로 기억한다.

그러던 뉴욕은 1990년대 중반부터 2000년대 초반에 이르러 완전히 새롭고, 지금처럼 치안이 강화된 도시로 탈바꿈하게 된다. 그 배경에는 루돌프 줄리아니 전 시장과 당시에 불도저처럼 뉴욕을 개발한 부동산 개발업자 도널드 트럼프가 있었다.

줄리아니 시장은 마이애미로 마피아들을 몰아내고 할렘가를 재정비하는 등 범죄의 천국이라는 오명에서 벗어나기 위한 노력을 대대적으로 시행했다. 도널드 트럼프는 뉴욕의 마천루 사이에 자신의 이름을 드높이기 위해 고급 콘도를 짓느라 여념이 없었다. 그런 변화들이 하나둘 모이기 시작하면서 뉴욕의 경제도 함께 부흥하기 시작했다.

맨해튼에 내 이름을 딴 가게를 오픈하다

뉴욕의 변화를 목격한 나로서는 미국이라는 나라에서 발견한 기회와 뉴욕이라는 지역의 매력에 빠지지 않을 수 없었다. 특히 세계 어떤 도시가 되었든 주변과는 동떨어져 경기의 흐름을 타지 않는 특별한 지역이라는 것이 분명히 존재한다.

예를 들어, JW메리어트, 힐튼, 워커힐 같은 호텔이 들어선 지역과 그 주변의 부동산 시장은 쉽게 죽지 않는다. 거기에 맨해튼이라는 곳은 전 세계에서 사람들이 몰려드는 관광의 중심지이자, 전 세계에서 비즈니스를 하기 위해 온갖 기업인들이 몰려드는 곳이 아닌가.

한국으로 돌아온 뒤에도 매년 두세 번에 걸쳐 뉴욕을 방문해 내 두 발로 걸어다니며 전 세계에서 모인 사람들과 문화를 직접 보고, 느끼고, 체험하기를 멈추지 않았다. 또 그만큼 넓어진 식견 덕분에 다양한 기회 또한 발견하게 되었다. 바로 비즈니스와 부동산이라는 천직과도 같은 운명을 만날 수 있었던 것이다.

처음 뉴욕의 맨해튼을 방문했을 때 막연하게 품었던 꿈이 있었다. 뉴욕에서 내 이름을 건 사업을 한번 해보고 싶다는 꿈이었다. 그 꿈은 2007년, 이모가 운영하던 액세서리 가게를 인수해서 시작한 주얼리숍 '미애방'의 오픈으로 이어졌다.

당시 나는 36번가 브로드웨이에서 홀세일과 리테일, 즉 도매와 소매를 겸해 운영을 하겠다는 계획이 있었고, 이런 계획 덕분에 비자 심사 시에도 좋은 점수를 딸 수 있었다.

서울을 떠나 뉴욕에서 완전히 새로운 삶을 시작하는 일이 쉽지만은 않았지만 인생과 돈에 대한 마인드가 보다 도전적으로 바뀌는 계기가 된 시기가 바로 이때였다.

'크레디트'로 돌아가는 미국 사회

미국이 크레디트(credit)로 돌아가는 나라라는 사실은 나에게 해외 부동산에 대한 도전 의지를 키워주는 역할을 했다. 어떤 나라에서나 장기간 거주를 하게 되는 경우에는 집을 임대하는 것보다 사는 것이 유리할 수밖에 없다. 만약 현지에서 비즈니스를 함께 병행하는 경우에는 대출을 받아야 하는 경우도 더러 있다.

이때 자산 포트폴리오만 제대로 갖춰져 있다면, 미국에서는 지금까지 어떻게 살아왔는지보다 앞으로 이자를 갚을 수 있는 능력이 있는지를 더욱 중요하게 따진다. 또 부동산을 임대하거나 임차할 때에도 오로지 개인의 크레디트 상태를 확인할 수 있도록 기록화되어 있기 때문에 쉽게 판단할 수 있고, 큰 문제가 발생하지 않는다.

예를 들어 세입자가 과거에 렌트를 했던 집의 월세를 제대로 냈는지, 연봉은 얼마인지 등을 에스크로 회사나 변호사를 통해 조회할 수 있다.

만약 월세가 갑자기 밀릴 경우에는 변호사를 통해 부동산 중개업자가 제대로 크레디트 조사를 했었는지부터 파악한다. 물론 전세 개념이 없는 부동산 시장이 형성되어 있는 미국이기에 가능한 것이긴 하다.

LA, 노후의 안정된 삶을 꿈꾸는 곳

LA의 부동산 시장은 노후에 대한 설계와 사업의 확장에 대한 안목을 키워주는 역할을 했다. LA는 1983년 올림픽 기념 공연 이후 수없이 방문했던 곳이기도 하다. 그만큼 인연도 깊고 많은 추억이 깃든 곳이다. 그곳에서 살고 있는 수많은 한인들, 그들이 일하고 즐기는 스타일 면에서 뉴욕과는 또 다른 분위기를 느낄 수 있는 곳이기도 하다.

한국의 제주도가 그러하듯, LA에도 특색이 있는 여러 지역이 있다. 그중 세계적으로 아름답다고 알려진 베니스비치가 있고, 세계 최대 규모의 요트 선착장이 있는 마리나 델 레이가 있다.

물론 세상 어디를 가든 힘들지 않은 곳이 없겠지만, 특히 뉴욕의 추운 겨울 날씨에 지쳐 있던 내게 LA는 완전히 다른 방식으로 부동산과 나의 삶을 바라보는 계기를 만들어준 곳이었다.

나는 1년 내내 따뜻하고 다양한 경험을 할 수 있는 지역으로 이동하기로 마음을 먹고 마이애미, 하와이, LA를 골라 조사를 실시했다.

물론 내 머릿속에는 여전히 비즈니스 세계에서 은퇴할 일이 없을 거라는 믿음이 있었다. 조금 천천히 삶을 즐기면서도 늘 현장감을 유지할 수 있는 지역을 물색하던 내게 LA는 그야말로 천혜의 땅이라는 생각이 들었다.

연예인과 상위 1퍼센트 재벌들이 사는 곳

LA는 수많은 한인들이 부동산에 투자를 하는 곳으로 잘 알려져 있다. 미국 프로야구 LA 다저스의 선수로 뛰었던 박찬호 선수나 현재 맹활약 중인 류현진 선수 등이 대표적이다. 각종 운동선수, 연예인, 기업가 등 미국으로 진출한 많은 사람들이 LA의 부동산에 관심을 가지고 실제로 투자를 하기 위해 몰려든다.

LA에서 그들이 주로 투자하는 것은 콘도와 고급 빌라다. 특히 리츠칼튼이 운영하고 있는 콘도는 호텔급 시설과 서비스를 갖추고 있는 것으로도 유명하다. 이런 부동산은 지역적인 메리트뿐만 아니라 고급 주택으로서의 메리트도 충분히 가지고 있어 최고의 부동산이라 할 수 있다.

코리아타운을 적극 활용하라

LA는 미국 내 다른 어떤 지역보다도 엄청난 힘과 규모를 자랑하는 코리아타운이 있는 곳이다. 심지어 제2의 한국이라 불릴 정도다. 오랜 시간 동안 자리를 잡은 한인들의 커뮤니티부터 한국의 식문화를 즐기기에도 부족함이 없는 상권까지 모든 것이 잘 갖춰져 있는 곳이다.

또 태평양을 내려다볼 수 있는 샌타모니카 · 말리부 해안이 지척이고, 샌디에이고와 라스베이거스, 그리고 내가 꿈에 그리던 샌프란시스코 등이 인근에 위치해 있다. 만약 사업의 규모를 줄이더라도 주변 부동산 시장을 탐방하는 여행을 다니며 여생을 즐기기에는 LA만큼 최적의 환경을 가진 도시가 없었다.

LA의 많은 지역 중에서도 내가 선택한 곳은 다운타운이었다. 2015년 당시, LA에서는 뉴욕의 맨해튼과 비슷한 모습으로 다운타운을 개발하겠다는 계획을 발표했던 터라 뉴욕 생활에 익숙해 있던 내게는 더없는 호재였다. 참고로 당시에 나는 투자를 결정하기에 앞서 1년간 집을 렌트해 LA의 부동산을 일일이 점검하는 과정을 거쳤다.

어떤 도시에서도 예외가 없었다. 먼저 그 도시의 환경과 내가 점찍은 부동산의 주변을 마음껏 돌아다니기 위해서는 그곳에서 일정 기간 머물면서 살아보는 수밖에 없다. 이러한 과정 없이 무작정 투자를 했다가는 그 피해를 고스란히 내가 짊어져야 하기 때문이다.

당시 LA에서 처음 산 집은 렌트를 주지 않고 팔아버렸다. 처음에는 다른 집을 사면서 렌트를 주려고 했으나, 투자 대비 수익률이 3퍼센트가 되지 않았기 때문에 미련 없이 정리하기로 했다.

미국은 철저하게 투자를 통해 수익을 내야 한다는 기준이 분명한 나라여서 3퍼센트의 수익률만 내도 꽤 괜찮은 부동산으로 평가를 받는다. 물론 많은 세금을 내지만, 대출 받은 집이나 회사는 세금 혜택을 받을 수 있다. 게다가 부동산 투자로 아무리 많은 이익을 냈다고 해도 더 큰 부동산에 투자를 한다면 양도세를 이연해주는 곳이 바로 미국이다.

나도 뉴욕의 회사와 부동산으로 발생한 수익금 때문에 국세청에 세금을 많이 내었지만, 그만큼 많이 환급을 받는 경우도 있어 놀랄 때가 많았다.

투자에 자신이 있는 사람이라면 미국에서 사업을 시작하거나 부동산 시장에 뛰어드는 것을 도전해볼 만하다.

잘 활용하면 가성비 높은 모빌홈

LA의 부동산을 알아보면서 흥미로운 것을 발견하기도 했다. 바로 모빌홈이라는 것이다. 땅에 딸린 집이 아니라, 땅 주인과 집 주인이 따로 있는 형태의 집이다. 보통 땅을 가지고 있는 사람들에게 집을 지을 수 있는 땅을 빌리고 그곳에 컨테이너 같은 건축 자재들을 이용해 집을 지은 것이다.

LA 인근의 샌타모니카, 말리부 같은 절경 지역에 주로 형성되어 있는 모빌홈은 30~40년 정도의 계약 기간을 가지고 집을 지어서 사고파는 경우가 많다. 내가 봤던 모빌홈 중에는 세계적인 부호들이 살고 있는 주마비치 인근의 30만 달러짜리 집도 있었다. 다만, 땅을 사지 않고 집만 지어서 살지만, 땅에 대한 세금을 내야 한다는 점은 주의해야 한다. 땅 주인이 내야 할 세금을 관리비 명목으로 대신 지불하는 것이다.

이러한 모빌홈이 들어선 지역의 단점이라면, 주변에 여가 생활을 즐길 만한 시설이 없고 오로지 좋은 풍경만 있다는 점이다. 만약 도시 생활에 지쳤고, 남은 삶을 조용히 보내고 싶은 사람이라면 추천할 만하지만, 아직은 도시 생활에 더욱 흥미를 느끼고 즐길거리를 원하는 사람이라면 다른 어느 곳보다 다운타운을 추천한다.

제주도를
꿈꾸는
사람들

그동안 연예인으로 활동하며 보낸 시간은 어떤 부동산이 옥석인지를 가르쳐준 시간이기도 하다. 내가 처음 제주도에 관심을 갖게 된 것은 지금으로부터 약 40여 년 전이다. 물론 지금도 그러하지만, 당시의 제주도는 국내에서 보기 드문 남국의 정취를 갖고 있는 대표적인 관광지였다.

서귀포의 중문단지를 비롯한 주요 관광지에서는 이미 많은 기업들이 발 빠르게 호텔을 조성해놓고 많은 관광객을 유치하고 있었다. 아마도 그때부터였던 것 같다. 국내에 이렇게 특별한 곳이 있다는 것에 반해 제주도를 사랑하게 된 것이. 그로부터 많은 시간이 흘러 2018년에 드디어 나도 제주도에 집을 사게 되었다.

유행처럼 번진 제주 라이프

내가 처음 제주에서 묵었던 곳은 중문단지였다. 서귀포 같은 경우에는 이미 많은 재벌들이 땅을 보유하고 있었다. 당시에는 가격이 너무나 저렴했지만 투자하는 방법을 모를 때라 그냥 스쳐 지나간 곳이었다. 제주도에 대한 조사를 해본 결과, 젊은 사람들은 공항과 다양한 상업지역을 끼고 있는 제주시의 작은 부동산을 선호하는 반면, 재력이 있고 나이가 지긋한 정치인들이나 연예인들은 대체로 별장이나 큰 콘도미니엄 형태의 부동산이 많은 서귀포시를 선호하는 편이었다.

나의 투자 원칙을 적용하자면, 주변에 어떤 사람들이 살고 있는지에 따라 그 부동산의 가치가 오르고 내리는 것이 결정된다. 앞으로의 가치를 고려할 때 조금 무리를 해서라도, 그리고 쉽게 가격이 떨어지지 않을 거라 예상할 수 있는 서귀포를 선택하는 것이 최선의 선택이라고 볼 수 있었다.

만약 지금도 제주도의 유행하는 지역만을 보고 무작정 따라 하는 식의 투자를 생각하고 있다면 재고하길 바란다. 많은 연예인들을 비롯해 발 빠른 투자자들이 제주도 붐을 일으켰던 시기에 비해 가격이 많이 올랐을 뿐만 아니라 이제는 제주도 부동산 가격이 안정기에 접어들었다고 보는 시각이 지배적이기 때문이다.

물론 제주도의 미래는 여전히 아름답고 한국에서 보기 드문 휴양지로서 가치가 있으나 부동산 가격이 오를 것이라 판단해 부동산을 매입해선 안 된다. 어떤 지역이든 사람들이 몰리기 시작하기 전에 땅을 구입했던 사람들은 부동산을 낮은 가격에 구입하는 운이 따르기도 했을 것이다. 하지만 그만큼 실패에 대한 리스크도 떠안는 모험에 대한 대가로 지금의 부동산을 갖게 된 것임을 명심해야 한다. 어떤 투자도 공짜로 수익을 보장해주지는 않는다.

전 세계를 강타한 중국발 투자 붐

유행을 이끈 원인 중 하나로, 한때 제주도에 불었던 중국인 투자자들의 붐을 들 수 있다. 제주도에서 정책적으로 외국인들을 부동산 투자 시장으로 끌어오기 위해 5억 원 이상을 투자하는 외국인에게 거주 비자를 발급해주고, 5년 이상 투자를 유지할 경우 영주권을 주기로 한 것이다.

그 덕분에 한동안 제주도가 중국인들의 천국이 된다는 소문이 돌며 부동산

붐이 일기도 했었다. 물론 전 세계를 상대로 비즈니스를 해야 하는 시대를 살고 있지만, 무분별한 투자로 인해 부동산에 거품이 생기는 현상을 보는 것이 그렇게 유쾌하지만은 않다.

중국은 여느 선진국과는 다른 방법으로 경제를 이끌어왔다. 그들의 투자 패턴을 보면 특이할 만한 점이 있다. 예를 들어 전 세계에서 가장 규모가 큰 뉴욕의 차이나타운만 봐도 가짜 상품 판매, 불법 개조, 불법 영업, 카드 대신 현금만 받는 식으로 사업을 운영한다. 미 정부와 국세청(IRS)에서 금지하는 것들을 모두 어기면서 장사를 한다고 보면 된다. 또 라스베이거스를 가장 많이 출입하는 사람들의 통계에서 중국은 상위에 랭크하고 있다고 한다.

그런 중국인들이 전 세계의 부동산을 휩쓸고 있다는 소식은 이미 오래된 뉴스밖에 되지 않는다. 오늘날 중국인들이 관심을 갖거나 실제로 투자를 하지 않은 곳을 찾아보기 힘들 정도다. 그중에서도 치안이 불안하지 않고 투자도 안정적으로 할 수 있는 선진국의 부동산에 가장 많은 손길을 뻗고 있다.

내가 사업을 하는 동안에 만난 중국인들을 보면 대체로 미국에서 태어나 자란 중국인들이 많았다. 그들조차도 중국 본토에서 이뤄지는 비즈니스에 대해 신뢰를 하지 못하고 자신들이 거래한 물건이 제대로 넘어오지 않을까 봐 걱정하는 모습을 자주 볼 수 있었다.

중국인들의 투자 바람이나 제주도 한 달 살기처럼 한때의 유행 같았던 제주도 붐에도 불구하고 제주도는 여전히 부동산으로서 가치가 충분히 높은 곳이고, 개발 가능성이 많은 곳임에 틀림없다.

우리나라 10대 건설회사들도 여전히 서귀포시의 땅을 50퍼센트 이상 차지하고 있어 개발 호재가 이어질 것으로 보인다. 만약 제주도의 부동산에 투자할 생각이 있는 사람이라면 장기적인 관점에서 볼 때 투자할 만한 가치는 있다고 본다.

하지만 지금은 적기가 아니라고 본다. 최근 제주도에 들어선 고급 빌라나 콘도미니엄들이 관광지와는 동떨어진 지역에 위치해 있는 데다 외국인 투자자들에게 중과세를 적용한다는 정책이 발표되며 중국인들이 투자를 철회해 짓다만 건물과 빌라들이 흉물로 남아 있기도 하다. 또 허가를 받지 않은 게스트하우스나 난개발로 들어선 리조트들로 인해 인명 사고가 연이어 터지는 바람에 한때 제주도 개발에 대한 우려의 시선이 있었던 것도 사실이다. 게다가 제주도로 유입되는 인구가 많이 줄고 있다는 소식이 들리고 있는 만큼 부동산 과열 현상은 줄어들 것으로 예측된다.

재테크에 성공한 사람들이나 부자들의 경험담을 들어보면

대체로 자신이 예상한 수익에 미치면

더 이상 미련을 두지 않고 바로 매매를 결정한다고 한다.

그러고 나서 자신이 계획했던 다음 단계로 넘어가는 것이다.

예를 들어 부동산의 경우라면

최초의 분양가에서 한 바퀴 정도 올랐을 때 사서

분양가의 두 배가 조금 못 미칠 때 파는 것이다.

글로벌 부자들의 부동산 투자 공식

부자들은 부동산으로 자산을 키운다

　1980년대 초반 가수로 데뷔하면서 벌어들인 수입을 시작으로 부동산 재테크를 꾸준히 해왔다. 활동하며 벌어들인 수입을 차곡차곡 모아 목돈을 마련했고, 신반포아파트에 전세로 입주하면서 본격적으로 부동산 투자를 시작했다.

　이후 20년 가까이 방배동, 여의도, 동부이촌동, 압구정동, 청담동, 한남동, 삼성동에 이르기까지 수십 차례에 걸쳐 이사를 다니면서 집을 사고파는 요령과 부동산 자산을 효과적으로 관리하는 법에 대해 배웠다.

단, 부동산 투자를 하면서 항시 명심해야 할 점은 부동산 가격이 곧 나의 자산이라고 착각하지 말아야 한다는 것이다. 현재 내가 살고 있는 집의 가치가 100억 원의 평가를 받는다고 기뻐하기는 이르다. 그것은 지금 당장 내가 운용할 수 있는 돈이 아니다. 실제로 부동산을 팔아서 현금을 손에 쥐기 전까지 100억 원이라는 돈은 내 손에 들어온 돈도 아니고, 그 가치가 영원히 묶여 있는 것도 아니기 때문이다.

부동산으로 새로운 부를 계속 창출하라

부동산 투자에서는 초조함을 가장 경계해야 한다. 대부분의 사람들이 부동산을 사고 나면, 가장 먼저 어떻게 현금화를 하는지에 대해서 정말 많은 고민을 한다. 혹자는 자신이 산 부동산을 현금화하지 못해서 '망한 투자'라고 말하곤 한다.

나는 그런 사람들을 보면 안타깝기 그지없다. 최고의 상권에 좋은 가게를 차리고도 무엇을 어떻게 팔아야 하는지, 어떤 손님을 공략해야 하는지에 대한 공부를 전혀 하지도 않고서 그저 손님이 들지 않는다고, 장사가 되지 않는다고 푸념이나 하고 있는 것이기 때문이다.

문제는 부동산에 투자를 하는 대다수의 사람들이 마음을 급하게 먹고 빨리 처분할 수 있는지 없는지에만 혈안이 되어 있다는 점이다. 또 만약 집이 쉽게 팔리지 않아 전세로 내놓을 때에도 전세금으로 받은 돈으로 무엇을 해야 할지에 대한 계획이 세워져 있지 않다는 점이다. 이는 모두 자신이 매입한 부동산과 주변 환경에 대한 공부가 전혀 되어 있지 않기 때문이다.

예를 들어 40억 원짜리 주택을 임대한다고 생각해보자. 그럼 먼저 월세로 임대를 주는 것이 유리하다. 대부분의 경우 매매로 나온 집은 깨끗한 상태를 유지하고 있으므로 별다른 공사 없이도 즉시 임대가 가능하기 때문이다.

단 몇 퍼센트의 임대 수익금일지라도 매월 일정액을 받으면서 이후의 투자 계획을 세우는 시간을 벌 수 있다. 또 2년 또는 4년이 지나서 주택이 조금 낡게 되면 내외부 공사를 진행해 주택을 개선시킨 후 매매 금액보다 조금 낮춰 전세 임대를 주는 식으로 관리를 하면 된다.

부동산은 무엇보다 전세나 월세 등의 임대를 통해서 얼마든지 환금을 하거나 현금을 만들 수 있는 최고의 투자 분야다. 부동산을 담보로 융자를 받는 방법도 있고, 그렇게 받은 융자금으로 다른 부동산에 재투자를 할 수도 있다.

자신이 가지고 있는 부동산을 활용해 무엇을 할 수 있을지 끊임없이 궁리하고 고민하라. 주변에서 활동하는 공인중개사들과 관계를 늘 유지하면서 주변 시세와 매물 정보에 대해 관심을 계속 갖는 것도 중요하다. 자기가 원하는 부동산을 사기 위해서 7년이나 부동산 중개소를 출퇴근하듯 드나들며 매일 브런치를 같이했었다는 모 엔터테인먼트 대표 이야기가 그저 TV 속 이야기는 아니다.

**부자들은
절대
부동산을
놓지 않는다**

　본격적으로 들어가기에 앞서 내가 잠시 머물렀거나 사고팔았던 아파트들의 이력을 살펴보면 우리나라 아파트 부동산 시장의 투자 흐름을 간략하게 짚어볼 수 있다.

　나는 1981년에 처음으로 아파트와 인연을 맺었다. 강남구 잠원동에 있는 신반포아파트에 전세로 들어갔던 것이다. 비록 전세일지라도 단칸방을 전전했던 어린 시절을 보내고 난생처음 아파트라는 곳에서 살게 된 나에게는 충격 그 자체라고 해도 과언이 아니었다. 그토록 살기 편하고 멋진 세상이 있는지는 꿈에도 몰랐기 때문이다. 한마디로 내게 아파트 생활은 별천지에서 사는 것과 같았다.

1982년에는 생애 최초로 내 집이라는 것이 생겼다. 방배동에 있는 32평짜리 궁전아파트를 2500만 원 정도에 사들인 것이다. 그로부터 2년 뒤 여의도 은하아파트 구입으로 이어졌다. 당시 구입가는 4000만 원이었다.

이듬해에 동부이촌동의 신동아아파트를 8000만 원에 매입하고서 그곳에서 살았다. 이 당시는 아파트 값이 상승하기 전 시기라 내가 들어가서 살았다. 이후 6000만 원의 은행 대출을 끼고 방배동 신삼호아파트를 1억 5000만 원에 매입했다.

이 시기에 아파트를 구입하면서 부동산 투자를 하는 데 있어서 필수적이면서, 나 개인적으로도 잊지 못할 경험을 하게 된다. 바로 은행 대출이라는 세계였다. 이전까지는 그저 돈을 열심히 모으는 것만 알았다. 하지만 어느 정도 자산이 확보되어 있고 신용이 받쳐준다면 은행에서 돈을 빌려준다는 것을 알고서 나의 부동산 투자는 한층 더 과감해지기 시작했다.

물론 처음으로 은행에서 대출을 받는다는 것이 조금 무섭기도 했지만, 그 과정을 통해서 부동산과 은행 대출이 떼려야 뗄 수 없는 관계라는 것을 알게 되었다.

부자들과 '가까이' 지내라

1982년부터 1986년까지 아파트 값은 천정부지로 올랐다. 당시 나는 압구정동 쪽에 관심을 갖고 있어서 부동산 정보도 탐색할 겸 이곳저곳을 답사하곤 했다.

신삼호아파트의 가격이 치솟고 있을 무렵, 때마침 압구정동의 한 헤어숍에서 귀한 정보를 얻을 수 있었다. 대한민국의 부자들이 압구정으로 몰리고 있다는 것이었다. 공교롭게도 당시 압구정동의 풍경은 주택이 띄엄띄엄 위치해 있고, 문자 그대로 허허벌판인 곳이었다. 그렇게 나는 '무릎에서 사서 어깨에서 판다'는 투자 철칙에 따라 신삼호아파트를 처분하고 압구정에 발을 들이게 되었다. 이때가 1983년이다.

내가 아직도 기억하는 것은 당시 동네의 분위기다. 내가 알고 있던 사람들, 즉 재벌, 정치인, 변호사 등이 먼저 들어와 살고 있었고, 생활에 필요한 온갖 편의시설들이 들어오고 있었다. 그곳은 발전하기 시작한 강남 지역으로, 부동산 가치가 크게 오를 수 있는 조건을 지닌 곳이라는 것이 보였다.

나는 새로운 부촌이 형성될 것이라 생각하고 과감히 투자했다. 그리고 이러한 예견은 적중했다. 큰돈을 벌고 싶다면 이렇게 새롭게 시작하는 곳을 찾아 한발 빠르게 들어가야 한다.

이후 나는 어떤 부동산을 고려하든 주변 환경과 그곳에서 사는 사람들이 누구인지를 유심히 살펴야 한다는 생각을 굳히게 됐다. 그리고 부자들이 들어와 살고 있는 동네의 부동산 가격은 오르면 올랐지 쉽게 떨어지지 않는다는 것을 깨달았다.

그동안 나는 1980년대 초반 아파트 가격 폭등 시기에 내가 처음 산 가격보다 세 배나 오른 5억 원 이상의 급등을 경험하기도 했고, 1995년에 또 한 번 아파트 가격이 크게 오르는 시기를 거쳤다.

유독 아파트만 가격이 올랐기 때문에 아파트는 분양을 시작하면 하루 만에 모두 팔려나갔다. 분양 즉시 프리미엄이 붙는 현상도 벌어졌다. 2000년대 후반까지 아파트는 부동산 투자의 최고 인기 종목으로 자리 잡았고, 수익률 또한 으뜸이었다.

여기서 중요한 것은 부자들은 시장이 과열되는 것을 미리 느끼고 가장 먼저 다른 시장으로 이동한다는 것이다. 부동산 시장에서 아파트 가격이 오른다고 모든 사람들이 아파트에 투자하는 것이 아니다. 아파트 가격이 정점을 찍을 무렵이면 정·재계의 부자들은 이미 아파트에서 호화 빌라(당시 연립 빌라)로 옮겨가 있었다. 이후 이러한 열기는 호화 빌라로 이어졌다.

이러한 일련의 과정을 겪으면서 나는 비로소 부동산이 가진 자산으로서의 가치와 위력을 실감할 수 있었다. 내 집을 샀을 뿐인데, 보유하고 있는 것만으로 세 배 가까이 수익을 올릴 수 있다면, 이토록 훌륭한 투자처가 어디 있겠는가.

돈 되는 아파트의 조건

내가 아파트에 투자를 하면서 중요하게 생각한 조건이 있다. 돈이 되는 아파트를 고르는 나만의 노하우를 간략하게 소개한다.

첫째, 주변에 어떤 사람들이 살고 있는지 관찰하라.

부동산을 구입하든, 전세를 들어가든 부동산 거래에 있어서 가장 기본은 반드시 주변 환경을 사전에 확인해야 한다는 것이다. 주변에 어떤 상권을 끼고 있는지, 교통환경은 잘 갖춰져 있는지, 문화시설은 얼마나 다양한지, 학군은 잘 형성되어 있는지 등은 기본이다. 더 나아가 이제는 주변에 어떤 사람들이 살고 있는지를 확인하라고 권하고 싶다.

앞서도 말했듯 부자들이 사는 동네의 부동산 가격이 오르면 주변의 부동산 가격도 동반 상승하는 경우가 많다. 한번 굳어진 지역 이미지는 쉽게 변하지 않아서 어떤 사람들이 살았던 동네인지는 가격 형성에 꽤 중요한 변수로 작용한다. 아마 여러분도 한 번쯤 들어봤을 법한 동네를 떠올려보면 쉽게 예상할 수 있을 것이다.

둘째, 주차장이 화려한 곳을 공략하라.

주차장이 화려하다는 것은 말 그대로 심미적으로 잘 꾸며진 곳을 의미한다. 호텔이나 브랜드 백화점에 딸린 주차장처럼 디자인에도 많은 신경을 쓴 곳이라면, 건물이나 내부시설이나 보안시설의 수준도 상당하다는 것을 의미한다.

투기를 목적으로 하지 않는 한, 아파트는 한 번 사면 오래 가지고 있어야 하기 때문에 장기간에 걸쳐 꾸준히 가치가 오를 수 있는 물건을 잘 선택해야 한다. 외부 사람들이 가장 먼저 마주하게 되는 내부 공간인 주차장이 잘 갖춰져 있고, 기타 시설도 함께 완벽한 아파트라면 어느 정도 수준을 두루 갖춘 사람들이 모여 사는 곳일 확률이 높다. 따라서 가격도 쉽게 떨어지지 않고 향후 상승할 가능성이 높다.

셋째, 외곽 지역의 신도시보다 도심 안에 있는 오래된 아파트나 빌라를 노려라.

만약 내가 살 집이라면 위치가 도심이 아니더라도 불편을 감수할 수 있겠지만, 임대를 줄 수도 있는 집이라면 위치는 무엇보다 중요한 선택의 조건이 된다. 한때 은평과 길음의 뉴타운처럼 도심에서 조금 벗어난 지역에 마련된 단지들의 분양이 미달되는 일이 비일비재했던 것을 기억할 것이다.

나는 이왕이면 외곽보다는 중심부에 있는 아파트에 투자하는 것이 훨씬 이득이라고 강조한다. 신도시의 아파트들은 당장 살기에는 깨끗하고 편리해 좋을지 몰라도 시간이 지날수록 서울 도심에 위치한 아파트들에 비해 상대적으로 가치가 떨어질 수밖에 없다. 떨어지는 폭 또한 크다. 게다가 외곽 지역은 앞으로도 공급이 늘어날 것이기 때문에 나중에 팔고 나오기가 쉽지 않다. 그런 이유로 경기 변동에 큰 영향을 받지 않고 꾸준한 매매가 이뤄지는 곳, 즉 역세권처럼 중심부의 아파트를 추천한다.

만약 자신이 투자를 위해 샀던 아파트 단지에 점점 사람들이 몰리는 것 같은 분위기가 형성되고 가격이 오를 것 같다는 판단이 선다면 전세를 주는 식으로 현금화해 다음 투자처를 모색하는 것도 생각해볼 수 있다. 투자는 모험이고 끊임없는 시장의 흐름을 꿰뚫어 보고 자신만의 무기를 찾아가는 과정이다.

넷째, 지역의 대표적인 아파트가 불가능하다면, 바로 옆에 있는 아파트를 골라라.

만약 경제 사정이 여의치 않아 자신이 투자하려는 지역의 대표적인 랜드마크 단지를 매매하는 데 부담이 된다면, 바로 옆에 있는 작은 단지의 아파트를 노리는 것도 하나의 방법이다. 비록 단지는 크지 않지만, 주변 시세라는 것이 있기 때문에 덩달아 가격이 오르는 것을 기대할 수 있다.

강남부자
따라잡기

　LTV, DTI, DSR. 좀 더 넓은 집으로 옮기거나 새로운 부동산에 투자하기 위해 대출을 한 번이라도 알아본 사람이라면 너무나 익숙한 용어들일 것이다. 그만큼 대출을 받기 위한 조건들은 점점 더 까다로워지고, 나만 빼고 모든 사람들이 집을 잘만 사는 것 같은 기분이 든다. 하지만 그건 당신 혼자만의 애로사항이 아니다. 목적과 금액의 차이는 있겠지만 대한민국 어느 지역에 살고 있는 사람이라도 똑같은 고민에 골머리를 앓고 있다.

한때 우리나라에서도 대출이 잘되던 시절이 있었다. 10억 원짜리 부동산을 거래하려고 하면, 1억 원 정도의 자금을 모으고 나머지 90퍼센트 정도를 대출받는 수준이었다. 개발 호재 소식에 발맞춰 너도나도 대출을 받아 부동산에 투자를 하려고 마음을 먹던 시절의 이야기다.

물론 그만큼 오를 가치가 있다고 예측했기 때문이다. 돈을 가진 사람들은 물론 은행에서도 수익을 10배 이상은 손쉽게 점치던 시절이었으니 말이다. 오늘날의 현실과 비교해보면 전설 속에서나 등장할 법한 호시절의 이야기 아닌가. 앞으로도 그런 식의 파격적인 대출을 받을 수 있는 날이 다시 돌아올지 의문이다. 국내적으로는 IMF, 국제적으로는 금융위기와 같은 파도를 겪으며 상당한 트라우마로 남아 있기 때문이다.

부동산 정책을 정확히 파악하고 빈틈을 노려라

2018년 문재인 정부에서 내놓은 9.13 부동산 대책 이후 규제지역 주택 보유자의 대출 규제가 강화되었다. 원칙적으로는 규제지역 내 주택이 한 채라도 있으면 대출이 전면 금지되며, 다주택자나 9억 원 이상의 주택을 보유한 사람들은 대출이 아예 불가능하다.

비규제지역 주택 보유자나 무주택자라면 50~70퍼센트 대출이 가능하다. 개개인마다 차이는 있겠지만 보통은 부동산 자금의 60 퍼센트 정도를 최소한으로 확보한 상태에서 40퍼센트 정도를 대출로 충당한다고 보면 된다.

대출금에 대한 이자가 부담이 되더라도, 투자를 하는 곳의 조건이나 입지가 희망적이라면 자신 있게 50퍼센트까지도 고려해볼 만하겠다. 5억 원에 계약한 부동산이 잔금을 치를 즈음에 8억 원으로 껑충 뛰는 옥석 같은 집을 고를 수 있다면 말이다. 하지만 그 정도 매물이라면 소위 1급 비밀에 버금가는 물건이기 때문에 여간해선 정보를 얻을 수 없으므로 요즘 같은 시기엔 안전하게 투자하는 것이 좋다.

더구나 최근의 경기 동향을 고려하면 부동산 가격이 70퍼센트까지 떨어지는 것을 염두에 두어야 한다. 따라서 부동산을 살 때 가급적 굉장히 저렴한 가격에 사야 한다. 어차피 좋은 위치의 부동산들은 이미 재벌들이 다 소유하고 있으니, 지금부터 우리가 관심을 가져야 하는 것은 재벌, 정치인, 연예인 등이 살고 있는 곳에서 조금 벗어난 주변 지역이다.

그중에서도 자신이 선호하는 지역을 먼저 선택하고 최대한 발품을 많이 팔아야만 투자에 필요한 기본적인 정보를 얻을 수 있다. 그다음으로 입지의 이점, 환금성의 편리함 등을 고려해 투자를 결정하는 것이 좋다.

부동산 투자 타이밍을 체득하라

그럼 부동산 투자의 적절한 타이밍은 어떻게 잡아야 할까? 다소 엉뚱하게 들리겠지만, 그 타이밍은 본인이 직접 만드는 것이다. 자신이 원하는 부동산을 선택했다면 스스로 얼마나 시간을 들이고 노력을 하는 정도에 따라 타이밍은 자연스럽게 나타날 것이기 때문이다. 그러기 위해서는 먼저 내가 얼마의 자산을 가지고 있고 어디에 투자할 것인지를 분명하게 파악해야 한다.

내가 제주도에 세컨드 하우스를 마련하려고 했을 때에는 그곳의 지리와 주변 사람들의 정보를 듣기 위해서 1년에 두세 번 방문을 한 적도 있었다. 직접 발품을 팔아서 해당 지역을 내 눈으로 봐야 현지인과 현장의 분위기를 알 수 있기 때문이다.

미국에서 집 장사를 많이 하는 인도 사람들도 집을 사들이기 전에 해당 지역을 야간에 꼭 방문해본다고 한다. 지역 주민들이 집에서 휴식하는 시간을 노려 내가 사려고 하는 집이 있는 지역이 얼마나 살기 좋은 곳인지를 보기 위해서다. 도심에서 벗어나 아무리 대궐 같은 집을 짓고 살아도 사람을 좀처럼 찾아볼 수 없는 곳이라면 그만큼 가격에 거품이 끼어 있기 마련이다.

부동산 주변에 어떤 시설이 있는지도 직접 돌아다니면서 확인을 해두면 부동산 중개업자와 거래를 할 때에도 가격을 역으로 제시할 수 있는 무기가 될 것이다. 그런 정보를 얻기 위해서는 끊임없이 그 지역에 대해 고민을 하고 주변 환경을 계속 살펴야 한다. 그리고 투자를 했을 때 분명히 수익을 얻을 수 있는지 검토해야 한다. 부동산 최초 분양가를 반드시 확인하고 현재의 가격과 비교해야 한다. 이러한 과정을 철저하게 따르면서 오랜 시간을 기다려야 하는 인내심도 필요하다.

부동산 제왕,
트럼프에게
한 수 배우다

    맨해튼에서 비즈니스를 하던 이모 덕분에 1998년부터 집중적으로 미국을 오고갈 수 있었다. 그때부터 본격적으로 미국이라는 나라의 구석구석을 살펴보며 공부를 시작했고, 미국 부동산 투자를 시작으로 해외 부동산 투자라는 분야에 발을 들일 수 있었다.

    2000년에 맨해튼을 시작으로 나의 부동산 투자 지도는 국내를 넘어 점점 해외로 뻗어나갔다. 나의 첫 해외 부동산의 결과물은 바로 도널드 트럼프의 건물이었다.

2000년 무렵, 뉴욕 맨해튼의 어퍼웨스트 지역에는 수많은 콘도 미니엄들이 지어졌다. 그때 뉴욕에 가장 많은 콘도를 지어 올린 사람이 바로 도널드 트럼프다.

당시 트럼프는 줄리아니 전 뉴욕 시장에게 링컨센터 옆에 자신의 이름을 내건 건물 50개를 지을 수 있도록 해주면, 허드슨강 옆 웨스트 지역의 쓸모없는 공장지대를 공원으로 조성하고, 학교도 지어 맨해튼에 큰 혜택을 베풀겠다는 공약을 제시했고, 결국 건축 허가를 받아냈다.

사업을 할 때는 이 정도의 큰 그림을 그릴 수 있어야 한다. 또 배짱이 두둑한 만큼 자신이 이득을 취했으면 베풀 줄도 알아야 한다. 트럼프처럼 자신이 내어줄 것은 주고, 받아낼 것은 받아내는 윈윈 전략을 잘 활용해야 한다. 물론 트럼프가 인간적으로 좋은 사람이라고 생각하지는 않지만 장사 수완이 뛰어난 사업가임은 부정할 수 없고, 그런 그에게도 분명 배울 점이 있다는 것이다.

랜드마크를 선점하라

트럼프가 뉴욕 맨해튼에 올린 건물들을 보면, 지역마다 최고의 로케이션을 자랑한다. 링컨센터와 센트럴파크 옆에 있는 트럼프 인터내셔널 호텔 앤 타워, 피프스 애비뉴에 있는 트럼프 타워 등이 대표적이다.

분양 당시에 마돈나, 마이클 잭슨 같은 세계 최고의 부자들이 그의 건물을 사들였다고 해서 주목을 받기도 했다. 유명인사들이 분양을 받는 집이라고 내세우는 전략은 오늘날 우리나라 부동산 업계에서도 자주 활용하는 고전적인 방식이다.

또 트럼프는 자신의 이름을 내건 트럼프 타워라는 브랜드를 통해 해당 지역의 랜드마크를 선점하고 부동산 투자의 귀재라는 자신의 명성도 함께 알렸다. 또 로열티를 받고 자신의 타이틀을 판매함으로써 위험부담을 줄이는 방식도 주목할 만하다. 가까운 예로 우리나라에 지어진 트럼프의 이름을 딴 아파트도 브랜드 로열티만 지불한 케이스다.

그가 부동산을 통해 많은 돈을 벌어들이고 일반 사람들은 범접할 수 없는 부를 이루긴 했지만, 지역 공동 개발의 한 축으로서 역할을 톡톡히 했다는 점에 주목할 필요가 있다. 예를 들어 호주에 건물을 지으려고 했을 당시에 그는 해당 지역 인근에 공원을 지어주고 노숙자들이 살 수 있는 다양한 이벤트를 제공하겠다고 제시했다.

언론에 자주 등장하는 인물답게 언론에서 좋아할 만한 이슈들을 풀어 자신의 부동산 투자에 대한 합당성을 얻는 데에도 뛰어났지만, 결과적으로 자신이 내세운 약속들을 지킴으로써 비즈니스에 있어서는 프로페셔널한 모습을 보였다고 평가할 수 있다.

투자를 결정할 때에는 과감하게 투자하라

내가 트럼프에게 배운 것이 있다면 그 무엇보다도 배짱이 아닐까 싶다. 특히 2000년 무렵 트럼프가 지은 콘도들을 보면 마치 호텔을 방불케 하는 입구에서부터 수영장, 헬스장, 회의실, 영화관 등 화려한 부대시설을 갖추고 있다. 트럼프가 시도한 콘도 디자인을 이후 미국을 비롯한 세계 여러 나라의 건설업자들이 벤치마킹하기도 했다.

물론 그가 여러 번의 이혼과 파산 등 갖은 고초를 겪었지만, 부동산 분야에 있어서만큼은 타의 추종을 불허하는 과감함과 추진력을 바탕으로, 맨해튼에서도 가장 비싼 지역에 속하는 피프스 애비뉴와 링컨센터 근처에 트럼프플레이스를 올릴 수 있었던 것이다.

또 트럼프가 뉴욕의 부동산 개발에 힘을 쏟던 시기가 줄리아니전 뉴욕 시장의 임기와 맞아떨어진 것도 한몫했다. 당시 줄리아니 시장은 마피아들이 들끓는 곳으로 악명이 높았던 뉴욕 거리를 안전한 거리로 바꾸기 위해서 많은 노력을 쏟았다. 그 결과 많은 마피아들이 마이애미로 쫓겨났다.

대체로 많은 사람들이 무모한 일이라고 말렸지만, 트럼프는 허드슨강이 흐르는 웨스트 지역의 벌판과 공장 부지들에 대한 건축허가를 받아내어 지금의 웨스트 지역을 일군 주인공이 되었다.

현재 50번가부터 82번가까지 들어선 도로와 콘도들, 그리고 허드슨강 옆으로 이어지는 길은 뉴욕에서도 멋진 풍경을 자랑하는 곳이다.

뉴욕의 진정한 주인, 유태인

　뉴욕에서 생활하고 비즈니스를 하다 보면 자연스럽게 전 세계 사람들을 만나게 된다. 그중 제법 규모를 갖춘 사업을 이끌고 있는 사람들을 살펴보면 대체로 유태인들과 중국인들이다.

　그들과 대화를 해보면 그들이 미국 내에서 자리를 잡기까지는 엄청난 의지와 자신의 사업을 번창시키겠다는 굉장한 고집이 필요했다는 것을 알 수 있다. 어쩌면 부자가 되기 위한 당연한 기본 정신이고, 그런 기본을 지켰을 때 보상을 충분히 받을 수 있는 곳이 바로 미국 뉴욕 맨해튼이라고 생각한다.

유태인들은 정치, 영화, 패션, 스포츠 등 각종 분야에서 두각을 나타내며 미국을 넘어 전 세계에 막강한 영향력을 발휘하는 민족이다. 중국인들은 세계 곳곳에 자신들만의 타운을 형성해 소위 차이나타운으로 불리는 그들만의 지역을 만들어가는 것으로 유명하다. 그들이 어떻게 부를 쌓고 부동산을 소유하는지를 한번 살펴보기로 하자.

유태인을 세계 최고 부자로 만든 부의 법칙

뉴욕에서 비즈니스를 할 때, 나의 사무실이 있던 건물의 주인은 유태인이었다. 그는 액세서리 소품을 판매하는 세계적인 회사의 사장이기도 했다. 미국 내 TV프로그램인 〈런어웨이〉에 매주 소개되며 유명세를 타기도 했었다. 그는 은퇴하기 전까지 뉴욕에만 수십 개의 건물을 보유하고 있었으며, 은퇴 후의 삶을 위해 맨해튼의 노른자 땅에 위치한 몇 개의 건물만을 남겨두었다. 부동산 재벌이면서도 매일 같은 신발에 같은 모자를 쓰고 맨해튼을 돌아다니며 1달러짜리 피자를 즐기는 그를 나는 참 좋아했다.

그의 건물 1층에는 내 회사를 비롯해 스무 개가 넘는 가게들이 세 들어 있었고, 건물주인 그 자신의 회사도 1층의 절반을 쓰고 있었다. 그는 가족과 친척들이 함께 만든 부동산 회사에서 매니저로 근무하며 남은 생을 보내고 있었다.

겉으로는 검소해 보이고 친근한 옆집 아저씨 같은 유태인들도 부동산 거래에 있어서만큼은 철두철미하다. 집을 살 때 매입 가격과 함께 구매 의사를 밝히고 계약금을 내는 것을 오퍼라고 하는데, 미국에서는 오퍼를 넣을 때 판매자와 구매자가 일대일로 거래를 하지 않는다. 보통 3개월 동안 여러 사람들의 오퍼를 받아 그중에서 조건이 맞는 사람과 거래를 하는 식이다.

물론 그만큼 치밀하고 깐깐한 유태인들과 거래를 하는 일이 쉽지는 않다. 내가 뉴욕의 부동산을 거래하려고 했을 때만 해도 집주인이 유태인이라면 쉽게 거래를 하지 못한다는 인식이 강했다.

2009년 맨해튼의 전통 부촌인 어퍼이스트의 렉싱턴 애비뉴에 있는 건물에 관심을 가졌을 때의 일이다. 1층에는 인도 델리가 있고, 2층부터 4층까지는 투룸 유닛으로 이루어진 건물이었다. 오퍼라는 이름으로 여러 사람과 접촉하는 방식으로 거래를 하고 있었기에 한국 방식으로 계약을 해왔던 나는 적잖이 당황했다.

결국 다른 경쟁자보다 좋은 조건을 내걸지 못한 나는 거래를 하지 못했고, 이후부터는 꼼꼼하게 다양한 상황과 조건을 체크하는 유태인 부동산 중개업자와 함께 일하는 것이 훨씬 유리하다는 교훈을 얻었다. 그래도 그 덕분에 트럼프플레이스를 사게 된 것이라고 생각하고 있다.

뉴욕 맨해튼의 부동산을 가진 사람들은 거의 대부분 유태인이다. 이들은 대체로 중동이나 동남아 사람들을 기피하는 경향이 있고 주로 같은 유태인끼리 거래를 하려고 한다. 미국에서 부동산 거래를 하고자 할 때 영어에 능숙하지 않다면 한국인이 운영하는 부동산 회사를 선택할 수밖에 없지만, 만약 뉴욕에서 거래를 할 예정이라면 반드시 미국인이나 유태인이 운영하는 부동산 회사의 한국인 브로커와 거래할 것을 권한다.

한국인 브로커와 거래를 하더라도 뉴욕의 많은 부동산을 유태인이 소유하고 있는 만큼 그들의 대략적인 성향을 알아두고 있으면 또 다른 계약을 하는 경우에 미리 대비할 수 있을 것이다. 일반적으로 유태인들은 철저한 계획으로 부를 차곡차곡 쌓아간다. 또 자녀를 교육시키는 데 굉장히 열의가 강한 것은 익히 알려져 있다. 미국에 수많은 부동산을 보유하고 있는 것으로 알려져 있는 유태인들이 어떻게 부동산 투자를 하고 있는지 간단하게 살펴보자.

첫째, 은행의 돈을 잘 이용하면서 신용을 100퍼센트로 쌓는다.

둘째, 가족을 중요시하며 가족들과 함께 사업을 운영해 함께 부를 쌓는다.

셋째, 대부분의 상인들이 자기 건물에서 사업을 하면서 부동산 임대 수입 외에도 많은 돈을 벌어들인다.

넷째, 공휴일을 철저히 지키고, 가족들과 함께 있는 시간을 매우 중요하게 생각한다.

다섯째, 인맥을 굉장히 소중하게 생각하고, 누군가에게 인정을 받으면 그들과 함께 더 큰 부동산을 거래하는 파트너가 되어 부를 늘려간다.

여섯째, 개인사업보다 기업화된 회사 시스템을 선호하고, 정부와 은행에 자신의 사업을 오픈해 각종 세금 문제에 도움을 얻는다.

일곱째, 부동산을 투자할 때 기다릴 줄 안다.

자녀에게 철저한 경제 개념을 교육시키다

유태인들은 기본적으로 자신의 가족에 대한 자랑에 인색하지 않다. 나라를 잃은 민족이라는 생각을 갖고 있어서인지 몰라도 자신의 인맥을 끈끈하게 생각하고 그런 인맥을 토대로 사업을 하는 데 있어서 남다른 재주를 갖고 있다.

그리고 자녀를 많이 낳고 친인척과도 서로서로 도우며 철두철미하게 가족 중심의 생활을 한다. 또 유태인들은 자식들을 교육시킬 때 철저하게 상업적인 마인드로 접근한다고 알려져 있다. 예를 들어 부모가 자식에게 자립심을 키워주기 위해 주말마다 강아지 한 마리당 20달러씩 주면서 산책도 시키고 운동을 시키도록 가르친다. 그렇게 어렸을 때부터 노동을 통해 돈을 버는 습관을 가지게 된 아이들이 오늘날 세계를 이끄는 유태인으로 자란 것이다.

특히 우리나라의 부모들이 자식들의 미래를 위해 투자하는 것만큼 유태인 부모들도 자식들을 위한 투자에 열과 성을 다 쏟는다. 언젠가 우연하게 들은 유태인 부모의 이야기를 통해 그 방식이 우리와 조금 다를 뿐이라는 것을 느꼈다.

예를 들어 유태인들은 매월 200달러씩 불입을 하는 10년짜리 펀드를 개설해놓는 식으로 자식들의 미래를 대비한다고 한다. 그렇게 자식의 명의로 개설한 펀드에 아이들이 용돈을 벌어서 마련한 돈을 불입함으로써 미래의 자산으로 한 푼 두 푼 모으는 것이다. 나중에 아이가 자라 성인이 되면 신탁·펀드를 자식에게 주어 더 큰 계획을 세울 수 있는 기반을 마련해주는 것이다.

재미있는 것은 맨해튼에서 부동산을 가진 유태인들을 보면 대부분 건물 주인처럼 생기지 않았다는 것이다. 그들은 건물을 소유하고 있더라도 절대 임대료에만 의지하지 않고 자신들의 사업체를 꼭 자신의 건물에 마련해두고 직접 관리를 하면서 사업을 꾸려나간다. 아마도 어릴 때부터 부모로부터 물려받은 돈을 버는 습관이 몸에 배어 있기 때문이 아닐까 생각해보게 되는 대목이다.

또 자신의 사업체를 남에게 맡기기보다는 직접 운영을 하고 건물의 관리도 직접 하는 편이다. 조금 과장을 보태자면 뉴욕에서 생활하는 동안 만났던 유태인 10명 중 10명이 모두 그러했다. 그리고 자신의 자식들에게도 자신이 일하는 모습을 늘 보여주고 있었다. 아마도 오늘날 유태인들이 뉴욕의 수많은 건물을 소유하게 된

배경에는 이런 철저한 상업적 마인드가 깔려 있기 때문이 아닐까.

부동산 거래에 있어 유태인들의 이 같은 강점을 본받으면 어떨까. 내가 보기에 뉴욕의 진정한 주인공은 바로 유태인이다.

부자를 만드는
부동산
투자 10계명

　나는 부동산만큼 정직하고 괜찮은 투자가 없다고 생각한다. 직
접 발로 뛰어 알아낸 정보들을 가지고 자신이 꿈꾸던 집을 마련한
다면 그 성취감은 이루 말로 설명할 수 없을 것이다. 내게는 최고
의 성취감을 안겨 준 곳이 바로 한남동의 유엔빌리지다.

　어린 시절에 한 재벌이 마련한 행사에 초대되어 유엔빌리지를
방문한 적이 있었다. 너무나도 아름다운 전망과 동네의 분위기에
반해 나중에 반드시 이곳에 있는 집을 사겠다는 꿈을 품었었다.

그리고 정말 10년이 흐른 뒤 내게도 유엔빌리지의 집을 살 수 있는 절호의 기회가 왔을 때 그 기회를 놓치지 않았다. 내 자금 30퍼센트와 대출 70퍼센트로 유엔빌리지를 살 수 있었다.

중요한 것은 내가 10년 동안 그냥 '좋다'는 감탄에서 그친 것이 아니라 꾸준히 이곳을 찾으면서 현장 답사를 수도 없이 하고, 유엔빌리지를 구매한 다음에 어떻게 운용할지를 미리 생각하고 결정했다는 것이다. 현재는 내가 구입한 금액에서 70퍼센트가 올랐고 이 부동산은 꾸준히 나에게 좋은 임대 수입원이 되고 있다.

'악질 방미'의 부동산 투자 노하우

40년 동안 부동산 투자를 해오며 정리한 내 나름의 투자 법칙을 소개한다.

첫째, 부동산을 살 때 반드시 팔 때를 고려하라.

부동산 투자에서 가장 중요하게 생각하는 원칙이다. 부동산으로 재테크를 처음 하는 사람들이 가장 저지르기 쉬운 실수가 바로 시세보다 싸게 나온 물건이 있으면 앞뒤 가리지 않고 일단 사고 보려는 것이다.

명심하라. 부동산은 내가 필요할 때 돈을 넣고 뺄 수 있는 은행이 아니다. 또 자신이 필요할 때면 언제든 사고팔 수 있는 물건도 아니다. 지금이라도 당장 나가서 부동산의 유리창에 붙어 있는 매물들의 광고지를 살펴보라. 이번 주는 물론이고, 지난주, 심지어 지난달에 올라온 매물들도 그대로 붙어 있는 경우가 많다.

부동산 거래에 있어서 언제나 애를 태우는 사람은 팔려는 사람이다. 부동산을 사려는 사람은 충분히 시간을 가지고 경우의 수를 따져가며 신중에 신중을 기해서 사야 한다. 제아무리 수십억에 달하는 부동산을 가지고 있어도 돈이 들어오지 않는다면 무슨 소용이 있겠는가. 부동산을 매매하든 임대를 주든 나의 손에 현금을 쥐여줄 때 비로소 자산으로서의 가치가 생기는 것이다. 그러니 부동산을 구입하려고 할 때에는 다른 무엇보다 팔 때에 가치가 있을지를 기준으로 결정해야 한다.

서울을 기준으로 본다면, 이왕이면 서울의 중심부 다운타운 안에 있는 부동산을 최우선으로 고려해야 한다. 또한 연립주택이든, 빌라든, 상가든 가릴 것 없이 역세권을 중심으로 선택의 폭을 좁혀가는 것이 좋다. 이처럼 부동산은 살 때보다 팔 때가 중요한 투자처다. 이 원칙만 잘 기억해둔다면 부동산 투자의 첫걸음을 잘 뗀 것이라 할 수 있다.

둘째, 위치와 관리 상태가 좋은 부동산을 선택하라.
너무나 당연한 말이다. 하지만 좋은 부동산을 누구보다 **빠르게**

계약하는 노하우는 훈련이 없으면 쉽게 생기지 않기에 차지하기가 어렵다. 당연히 잘 팔리는 부동산은 좋은 위치에 있고 관리가 잘된 물건들이다.

좋은 위치에 있는 부동산은 경기에 상관없이 꾸준한 수요가 있기 때문에 매매가 쉽게 이루어질 것이다. 큰 이변이 없다면 부동산 자체의 가치도 꾸준히 올라가 일석이조의 효과를 누릴 수 있다. 예를 들어 한강을 조망할 수 있는 한강 주변의 아파트들이 전통적으로 꾸준한 수요와 가치를 인정받는 부동산들이다.

대체로 사람들이 살기 좋다고 생각하는 지역의 부동산들은 경기의 영향도 덜 받고 매매도 잘 이루어지며 임대를 주기에도 유리하다. 투자성과 환금성을 고루 갖춘 황금알이나 마찬가지다.

관리 상태도 위치만큼 중요하다. 특히 땅이 아닌 아파트, 연립주택, 빌라, 오피스텔, 원룸, 그리고 상가까지 모든 형태의 부동산들은 관리 상태에 따라 계약의 성사 여부가 결정된다. 쉬운 예로 우리나라에서는 주거용으로 주택이나 연립주택보다는 아파트를 선호하는 경향이 강하다. 가격 또한 선호도와 함께 많이 오른다.

아파트는 주택이나 연립주택보다도 시간이 지날수록 관리하기에 용이하기 때문이다. 아파트에서는 수도꼭지가 하나 고장나거나 보일러가 고장나더라도 관리사무소에 전화를 한 통 넣기만 하면 해결되지만, 일반 주택이나 연립주택의 경우에는 주민들이 직접 수리를 하거나 수리업체를 일일이 찾아다녀야 하는 수고를 감수해야 한다.

물론 리모델링이나 재건축까지 고려해 부동산을 구입할 계획이라면 경우가 다르다. 그런 계획을 세운 경우가 아니라면 다른 부동산에 비해 훨씬 좋은 위치에 있어야 쉽게 팔릴 수 있고, 임대를 주기에도 유리하다.

셋째, 최초 분양가를 반드시 확인하라.

부동산이 매력적인 이유는 정해진 가격, 즉 '정가'라는 것이 존재하지 않기 때문이다. 일반적인 기준이 되는 시세라는 것이 있긴 하지만, 부동산의 가격은 일단 팔려는 사람의 마음에 달려 있다.

평균적인 시세보다 높은 가격에 파는 것도 판매자의 마음이고, 낮은 가격에 파는 것도 판매자의 마음이다. 경우에 따라서는 판매하는 사람과 구매하려는 사람의 마음이 맞아서 시세와는 전혀 동떨어진 가격에 거래가 이루어지기도 하는 것이 바로 부동산 세계다. 하지만, 정가가 없다고 하더라도 처음 부동산이 만들어졌을 때의 가격, 즉 최초 분양가가 얼마였는지를 확인해야만 한다.

가장 이상적인 부동산 투자의 방법은 좋은 위치에 있는 부동산을 최초의 분양가로 구입하는 것이다. 단, 최초의 분양가에서 지나치게 많이 오른 부동산은 또다시 그만큼의 가격이 오르기를 기대하기 어렵다. 이미 가격이 오를 대로 올라버린 부동산을 사버리면 덩치만 클 뿐 자산으로서의 가치도, 팔 물건으로서의 가치도 확보할 수 없다. 실제 차익도 생각보다 크지 않다.

나는 뉴욕에서 트럼프플레이스를 최초의 분양가인 32만 달러로 구입해서 60만 달러에 되팔아 두 배 가까운 차익을 남겼다. 최초의 분양가를 먼저 확인하고 당시에 급등하고 있던 부동산 시세를 잘 맞춘 결과다.

나에게 부동산을 소개해주던 중개업자가 차익을 가지고 다른 부동산에 투자하기를 권했을 때 나는 일언지하에 거절했다. 이미 뉴욕의 부동산 시세가 오른 마당에 두 배 가까이 오른 부동산을 산다면 결코 효율적인 매매라고 할 수 없기 때문이었다.

단순하게 생각해보자. 32만 달러에 구입해서 60만 달러에 파는 것과 60만 달러에 구입해서 70만 달러에 파는 것 중 어떤 것을 선택해야 할까. 더구나 매매에 따르는 부동산 중개수수료와 변호사 비용, 거기에 세금까지 내야 하는 상황이라면 말이다.

넷째, 다음 투자자가 가져갈 수 있는 몫을 남겨둬라.

무릎에서 사고 어깨에서 팔아라. 주식 거래에 익숙한 사람이라면 이 말을 종종 들어봤을 것이다. 어떤 상황에서든 조금 더 싸게 사고 조금 더 많은 수익을 남기고 싶은 마음은 충분히 이해한다.

재테크에 성공한 사람들이나 부자들의 경험담을 들어보면 대체로 자신이 예상한 수익에 미치면 더 이상 미련을 두지 않고 바로 매매를 결정한다고 한다. 그리고 나서 자신이 처음에 계획했던 다음 단계로 넘어가는 것이다. 예를 들어 부동산의 경우라면 최초의 분양가에서 한 바퀴 정도 올랐을 때 사서 분양가의 두 배가 조금 못 미칠 때 파는 것이다.

무엇보다 자신의 목표와 확실한 계획을 고수하려면 작은 수익을 더 얻으려는 욕심을 버려야 한다. 사람의 욕심은 끝이 없어서 주식이든 부동산이든 일단 가격이 오르기 시작하면 쉽게 포기하기가 어려운 것이 사실이다.

누구라도 더 많은 수익을 바라는 것은 당연하지 않은가. 하지만 그런 욕심을 버리고 다음 투자자가 가져갈 수 있는 몫을 남겨야 한다. 어떤 비즈니스가 되었든 사려는 사람이 많을 때 처분할 수 있다. 점점 투자자가 몰려들지 않는 곳에서는 큰 수익을 기대할 수 없는 것이 당연하다.

작은 욕심들이 쌓이면서 주식이나 부동산을 팔아야 할 적기를 놓치고, 결국 예상했던 수익에도 미치지 못하는 가격에 팔고 나서 후회해봤자 이미 때는 늦은 일이다. 그나마 부동산은 가격이 떨어지기보다 원하는 시기에 매매를 하지 못해 고생을 할 뿐이지만, 주식은 자신이 투자한 금액이 반토막 나는 것도 모자라 심지어 휴지조각이 되는 경우도 있을 수 있다.

어떤 물건이든 파는 사람 입장에서는 최고의 가격으로 판매하고 싶은 것이 당연지사다. 하지만 모름지기 무리한 욕심이 모든 것을 망친다. 현실적인 목표를 정하고 그 목표를 달성하면 과감하게 정리하는 것이 결국 손해를 보지 않는 투자 방식이다.

다섯째, 부동산 중개업자를 잘 활용하라.

부동산 거래를 혼자서 하는 사람들도 있지만 이는 내가 별로 권하지 않는 방법이다. 인터넷으로 시세를 확인하는 것은 필수로 해야 할 일이지만, 관리 상태나 매물을 일일이 다 찾아다니기에는 한계가 있다. 이때 부동산 중개업자를 영악하게 활용하면 이러한 시간을 절약할 수 있다.

부동산을 가지고 있는 경우 부동산 중개업자들이 나를 대신해 부동산을 관리해주기도 하고, 적당한 가격에 사고 팔아주기도 하며, 내가 미처 신경 쓰지 못했던 부동산 시장의 이슈들을 세세히 챙겨주기도 한다.

한마디로 내 주변에서 나를 도와주는 공인중개사들은 단순히 부동산을 거래하는 데 도움을 주는 사람 이상의 역할을 하고 있는 것이다. 그만큼 믿을 수 있는 공인중개사를 만나는 것이 중요하다. 또한 공인중개사와 지속적으로 좋은 관계를 유지하는 것이 부동산 투자 성공에 있어서 큰 부분을 차지한다.

예를 들어 내가 살고 있는 동네에 부동산 투자를 할 계획이 있다고 가정해보자. 가장 먼저 해야 할 일은 인터넷으로 지역 조사와 시세를 확인한 다음 그 동네에 있는 부동산 중개소를 찾아가 주변의 부동산과 시세를 확인하는 일이다. 이른바 안면 트기를 하는 것이다.

다음으로 그중에서 나와 가장 좋은 호흡이 예상되는 공인중개사를 만나면 그와 좋은 관계를 맺을 필요가 있다. 조금 과장되게 말하자면, 매일 출석 도장을 받듯이 중개소를 방문해도 어색하지 않을 만큼 편한 관계를 맺는 것이 좋다. 파트너나 다름없는 공인중개사와 관계를 맺어두면, 좋은 조건의 급매물이 나왔을 때 가장 먼저 연락을 받을 수도 있다. 물론 거래가 이루어진다면, 공인중개사와 나는 파트너십을 계속 유지할 수밖에 없다. 실제로 내가 아는 사람 중에 공인중개사 덕분에 급매물로 나온 아파트를 몇 채 발견해 상당한 시세 차익을 얻은 이들도 있었다.

간혹 부동산 거래를 하다 공인중개사에게 지불하는 수수료를 아깝게 여겨 애써 맺은 사이가 틀어지는 경우도 있다. 하지만, 앞으로 부동산 투자를 계속할 생각이라면, 당신의 일을 도와주고 대신해주는 파트너에게 지불하는 수수료를 아깝게 생각하지 말아야 한다.

반드시 명심해야 한다. 부동산 계약에 드는 비용에 비하면 불과 몇 퍼센트밖에 하지 않는 수수료 몇 푼을 아끼려다 더 좋은 부동산을 놓칠 수 있다는 것을. 단지 나의 작은 욕심 때문에 말이다.

여섯째, 금리와 경기 변동 여부를 반드시 확인하라.
부동산이 다른 투자 방법들보다 매력적인 이유는, 오를 때 큰 폭으로 오르고 내릴 때 비교적 소폭으로 내리기 때문이다. 또 금리와 경기 변동의 주기를 살펴보더라도 부동산이 하락하는 시기나 정체 시기, 불경기 등을 대략적으로 예측할 수 있다는 점도 큰 장점으로 꼽을 수 있다.

국내와 해외 경기에 영향을 주는 대표적인 지표인 금리와 부동산의 관계를 생각해보면 쉽게 알 수 있다. 통상적으로 금리는 부동산 경기와 반비례한다. 예를 들어 은행 콜금리가 오르면 부동산 경기는 위축될 수밖에 없다. 콜금리 인상은 결국 금리 인상으로 이어지고, 금리가 인상되면 은행에서는 대출 이자를 올린다. 그런데, 국내나 해외를 가릴 것 없이 부동산은 대출을 얻어서 사는 경우가 대부분이다.

만약 대출 이자가 오르면, 부동산을 정리하고 거래를 하는 데 타격을 입을 수밖에 없는 구조다. 게다가 금리가 오르게 되면 은행에 돈을 넣어두어 얻는 이자 수익률도 함께 올라간다. 이때 전세나 월세를 통해 은행의 이자율보다 낮은 수익을 얻는다면 굳이 부동산에 투자해서 모험을 할 필요가 있겠는가.

이처럼 부동산 경기와 금리는 매우 밀접한 관계에 있다. 게다가 우리나라의 경우 부동산 경기가 정부의 정책에 따라 큰 영향을 받는다. 특히 정권이 바뀌게 되면 새로 들어선 정부에서는 국민 경제에 가장 직접적인 영향을 미치는 부동산 정책에 변화를 주기 마련이다. 부동산 투자를 하는 사람들이 경제 뉴스뿐만 아니라 정치

뉴스에도 눈을 떼지 못하는 것이 바로 그런 이유 때문이다.

일곱째, 인터넷 사이트를 맹신하지 마라.
부동산에 대해서 가장 많이 받는 질문 중 하나가 바로 부동산 투자는 시간이 많이 남는 사람들이나 하는 것 아니냐는 것이다. 월요일부터 금요일까지 회사에 붙들려 있는 직장인들이 언제 시간을 내서 부동산을 보러 다니냐는 푸념이 대부분이다.

물론 직장인보다 상대적으로 시간을 유동적으로 쓸 수 있는 사람들이 부동산 투자에 유리한 것은 사실이다. 하지만 부동산 투자에 대한 의지만 있다면 하루 종일 회사에 묶여 있더라도 충분히 부동산 투자에 시간을 낼 수 있다.

주말을 이용해 부동산을 보러 다닐 수도 있고, 인터넷이나 앱을 활용해 부동산 정보를 얻기만 한다면, 언제 어디서든 거래에 뛰어들 수 있는 환경이 조성되어 있다. 다만, 자신이 직접 눈으로 부동산을 확인하지 못하는 인터넷이나 앱에 지나치게 의존하는 것은 주의해야 한다. 간혹 인터넷에 올라와 있는 매물의 시세가 실제 시세와 상당한 차이를 보이는 경우도 많다. 인터넷을 통해 얻는 정보는 어디까지나 기초적인 부동산 정보 수준밖에 되지 않는다. 부동산의 위치와 시세를 확인했다면, 주변 상권에 대한 정보와 부동산의 상태 등은 자신이 직접 발품을 팔아 확인해야 한다.

여덟째, 구매 의사가 있다면 몇 번이든 해당 지역을 찾아가라.

부동산 투자를 할 때 실패하지 않는 가장 단순하고 가장 확실한 방법이 있다. 자신이 사려고 마음을 먹은 매물이 있다면, 몇 번이고 직접 찾아가 두 눈으로 부동산과 주변을 확인하는 것이다. 상가는 두말할 것 없이 유동인구와 주변 지역을 확인하는 과정이 필요하고 아파트, 연립주택, 빌라 같은 주거용 부동산도 자신이 앞으로 살 지역이라는 생각으로 미리 확인을 하는 것이 좋다. 제아무리 뛰어난 공인중개사라도 수많은 물건들을 관리하는 입장이다 보니 그 지역의 유동인구가 어떠한지, 주변 환경이 어떠한지 다 파악하지 못할 수 있다.

내가 뉴욕에 머물 때 가장 많은 시간을 투자한 것도 바로 직접 돌아다니며 부동산 주변의 환경을 조사하는 일이었다. 내 마음에 드는 지역이 있다면 몇 번이고 그 지역을 찾아가 샅샅이 살펴봐야 한다.

물론 처음부터 옥석을 가려내는 것은 힘든 일이다. 하지만 지속적으로 부동산과 주변 환경을 살피고 시세를 확인하다 보면, 그 지역을 담당하는 공인중개사보다 많은 정보를 얻게 될 것이다.

그뿐 아니라 처음에는 투자 가치가 없어 보였던 부동산들도 다양하게 활용할 수 있는 방법들이 떠오르는 경우도 있다. 바로 이런 것들이 누구도 알려주지 않는 살아 있는 정보들이다. 한 가지 덧붙이자면, 자신의 두 눈으로 확인한 부동산에 대한 정보를 꼼꼼

히 확인하되, 자신의 마음에 드는 물건일수록 제3자에게 보여주
고 객관적인 의견을 물어본 후 냉정하게 결정하는 과정도 필요하
다. 부동산은 마치 장님이 코끼리 다리를 만지듯 모든 것을 볼 수
없기 때문에 내가 보지 못한 정보들을 찾아주는 조력자들이 반드
시 필요하다.

아홉째, '이것'이라고 판단되면 절대 가격을 깎지 마라.

부동산에 정가가 정해져 있지 않은 것은 장점이기도 하지만, 때
로는 그 장점이 오히려 화가 되어 좋은 물건을 놓치는 경우도 있
다. 내가 갖고 싶은 물건이라 해도 파는 사람과 사는 사람의 가격
이 맞지 않으면 거래가 성사되지 않기 때문이다. 더구나 마트에서
세일하는 물건을 카트에 쉽게 담듯이 살 수 있는 제품이 아니라,
몇천만 원에서 몇십억, 몇백억 원에 이르는 물건이기 때문에 더욱
신중을 기할 수밖에 없다.

부동산 거래를 할 때 당사자들의 입장은 분명하다. 사는 사람은
싸게 사기를 원하고, 파는 사람은 조금 더 비싸게 팔기를 원한다.
나 역시 너무 마음에 드는 부동산을 조금 더 싸게 살 수 없을까 하
는 욕심을 부리다가, 부동산을 팔려는 주인과 마음이 틀어져 거래
를 하지 못한 경우가 많았다.

그렇게 놓친 물건들을 생각하면 지금도 속이 쓰릴 정도다. 만약
정말 마음에 드는 부동산을 찾았다면, 주인과 거래를 할 때 어설

프게 깎으려 하지 말고 그가 제시하는 가격이나 조건을 우선 받아들일 것을 권한다. 괜히 전문가인 척 나서거나 눈에 뻔히 보이는 사탕발림을 하다 물건을 놓치고 후회한들 아무 소용없다. 일단 정말 마음에 드는 물건이 있다면 이것저것 재지 말고 내 것으로 만드는 것이 중요하다.

열째, 부동산의 환금성을 염두에 두어라.

만약 시골에 있는 몇천 평의 야산과 서울의 역삼동에 있는 17평짜리 오피스텔이 동시에 매물로 나와 있다면 어떤 쪽을 선택하겠는가. 전원주택을 꿈꾸고 있는 사람이라면 시골의 땅을 선택할지 모르겠다. 하지만, 지금 우리는 부동산 투자에 대해 이야기하고 있으니 투자에 대한 접근법으로 생각해보자. 당연히 역삼동에 있는 17평짜리 오피스텔을 선택해야 한다. 바로 환금성 때문이다. 시골에 있는 몇천 평의 땅이 제아무리 풍수적으로 좋고 높은 금액을 자랑하더라도 강남 한복판에 있는 17평짜리 오피스텔의 환금성에는 미치지 못한다.

최근 우리나라에도 유행어 아닌 유행어로 사람들 입에 오르내렸던 '하우스푸어(house poor)'라는 말을 기억하는가. 집을 보유하고 있어도 무리한 대출로 인해 이자를 갚는 데 허덕이는 빈곤한 사람들을 이르는 말인데, 주변을 살펴보면 심심치 않게 만날 수 있다.

이제는 단순히 부동산을 보유하고 있다는 것에 만족해선 안 된다. 자신이 보유한 부동산으로 일정 수준의 임대료나 제2의 부동산에 투자하기 위한 수입이 창출되지 않는다면, 그 부동산의 가치가 10억인들 20억인들 소용이 없는 것이다.

앞으로 부동산을 얼마나 갖고 있는가보다 부동산을 통해 어느 정도의 현금을 확보할 수 있는가를 기준으로 평가하게 될 것이다. 진정한 자산으로서의 가치가 더욱 중요하다는 말이다. 다시 말하지만, 부동산은 펀드나 주식처럼 팔고 싶다고 해서 언제든 팔 수 있는 물건이 아니라는 것을 명심해야 한다. 그래서 부동산을 통해 일정한 현금을 확보할 수 있는지를 잘 판단해 부동산을 관리해야 한다.

이런 투자 10계명이 별것 아닌 것처럼 보여도 막상 이 10가지를 실천하려고 하면 생각보다 쉽지 않다는 것을 느낄 것이다. 하지만 적어도 10가지 원칙 중 몇 가지 만이라도 잘 지키려고 하다 보면, 부동산 투자에 있어서 큰 손해를 보거나 실수를 저지르는 일이 많이 줄어들 것이다.

위기마저도
기회로 바꾸는
백전백승 투자 공식

만약 다시 태어난다 해도 부동산에 대한 나의 애정은 변함이 없을 것이다. 그만큼 나는 부동산에 대한 관심이 많고 그동안 쌓아온 나의 경험과 안목을 믿는다. 주변 사람들에게 기회와 용기만 있다면 부동산 투자를 한번 경험해보라고 끊임없이 권하는 것도 부동산에 대한 애정을 표현하는 하나의 방법인 셈이다.

일반적으로 사람들이 부동산보다 주식을 좀 더 접근하기 쉬운 투자 대상으로 보는 이유는 바로 초기의 자본금 때문이다. 부동산은 목돈이 들 뿐만 아니라 주식이나 펀드, 저축처럼 돈이 필요할 때 빠르게 현금화할 수 없어 접근성이 떨어지는 것이다.

하지만 그 점을 제외한다면, 주식보다도 장기적으로 안정적인 수익을 낼 수 있고, 자신이 얼마나 공부하고 발로 뛰느냐에 따라 공실의 위험 없이 리스크를 줄일 수 있는 투자 방식이기도 하다. 그리고 부동산 시장이 침체된 위기 상황일수록 안전하고 확실한 투자의 공식을 따라야 한다.

첫째, 무조건 입지가 좋은 곳을 선택하라. 부동산에서 최고의 무기는 바로 위치다. 최고의 입지에 들어선 부동산은 거래가 잘되기 때문에 자금의 흐름을 만들 수 있으며, 장기적이고 안정적인 수익을 보장해 부를 만들어준다.

둘째, 목적을 분명히 하라. 부동산을 살 때 주거용으로 살 것인지, 임대용으로 살 것인지에 따라 부동산의 형태와 위치 등이 결정된다. 또 직장을 다니고 있는지, 사업을 하고 있는지, 젊은 층인지, 중장년층인지에 따라서도 선택이 좌우된다. 만약 아이를 키우는 집이라면 아이들이 뛰어놀 수 있는 환경과 학군을 반드시 고려해야 한다.

셋째, 가격이 저렴하다고 무턱대고 투자하지 마라. 혹시라도 급하게 현금화해야 할 일이 생기거나 이사를 가야 할 경우를 겪어본 사람이라면 부동산이 쉽게 팔리지 않는 물건이라는 것을 뼈저리게 느껴봤을 것이다. 부동산이 팔리지 않는다고 후회해봐야 처음 부동산을 싸게 샀던 순간으로 돌아갈 수 없다. 주변보다 가격이 싼 부동산은 반드시 그에 합당한 이유가 있기 마련이다. 아무 이유 없이 가격이 싼 부동산은 없다. 그리고 투자에서 모든 책임은 자신이 져야 한다는 사실을 기억하라.

넷째, 장기적인 계획을 짜서 평생 마련한 자산으로 공을 들여라. 내가 그동안 경험했던 1980~1990년대처럼 부동산이 큰 폭으로 오르는 투자 기회는 쉽게 오지 않을 것이다. 하지만 노무현 정권 시절 잘못된 정책으로 부동산이 50퍼센트 이상 크게 올랐고 2017년에도 40퍼센트 이상 오른 지역이 있듯이 아무도 부동산이 상승할 거라고 장담할 수 없던 때 가격이 폭등하기도 했다. 확언할 순 없지만 앞으로 한 번 선택한 부동산을 평생의 자산으로 생각하는 시대가 될 것이다. 그러니 장기적으로 내다보며 신중한 선택을 하는 것이 좋다.

지금 우리가 살고 있는 세상은

너무나 복잡다단하게 연결되어 있기 때문에

어떤 정보도 허투루 지나쳐선 안 된다.

그래서 우리는 끊임없이 공부하고 경기의 흐름을 파악하고 있어야 한다.

나는 십수 년간 뉴욕에서 LA를 거쳐 하와이까지 진출했다.

정보, 현장, 그리고 돈의 흐름이

내 생활 근거지 이동의 이유였다.

4장

해외 투자, 국내 투자와 기본은 같다

이론과 현장의 좁힐 수 없는 벽

전문적으로 부동산 투자를 하는 사람들은 매일같이 경기 동향을 체크하고 시장의 흐름을 파악한다. 하루도 거르는 일이 없다. 그만큼 부동산은 경제 상황이나 정부의 정책, 그리고 사회 분위기의 영향을 많이 받는 분야기 때문이다.

물론 일반인들 중에도 부동산 투자에 관심이 있는 사람들은 꾸준히 시장을 읽기 위해 노력을 할 것이다. 하지만 평범한 사람들로서는 한계가 있기 마련이다. 부동산 시장 조사를 하거나 경기 동향을 살피는 데에는 많은 에너지와 시간이 필요하므로 일반인이 섣불리 발을 들이기가 어렵다. 이것이 바로 부동산 전문 투자자와 일반인들의 좁힐 수 없는 벽이다.

나는 매일 환율과 국내외 전체 주식 시장을 두세 번 체크하며 경기 동향을 살핀다. 만약 투자자로서 큰돈을 벌고 싶다면 마음가짐부터 바로잡을 것을 권한다. 세계의 경제가 어떻게 돌아가고 있는지 관심의 끈을 놓지 말고, 남들보다 한발 앞서 내다보는 일을 절대 게을리해서는 안 된다.

일반 투자자가 실패하는 이유

내가 부동산 정보를 전달하는 유튜브 채널 'BangmeTV'를 개설한 것은 내 나름대로 시장의 흐름을 꿰뚫어보는 공부의 일환이자 평범한 사람들이 쉽게 놓치고 있는 이야기들을 하나로 엮어보기 위한 목적이 있었기 때문이다.

가뜩이나 우리나라는 정권이 바뀔 때마다 정책이 바뀌어서 자칫 방심하다간 세금 폭탄을 맞기 쉬운 환경이다. 그렇기 때문에 부동산을 잘 이해하려면 정치가 어떻게 흘러가고 있는지도 유심히 지켜봐야 한다. 정치적 성향을 떠나서 일단 내가 가진 부동산, 주식, 자산에 영향을 줄 것 같은 정보들은 미리 알고 있어야 하지 않겠는가. 지금 우리가 살고 있는 세상은 너무나 복잡다단하게 연결되어 있기 때문에 어떤 정보도 허투루 지나쳐선 안 된다.

그래서 우리는 끊임없이 공부하고 경기를 매일 들여다보고 정치의 흐름을 파악하고 있어야 한다. 나는 십수 년간 뉴욕에서 LA를 거쳐 하와이까지 진출했다. 정보, 현장, 그리고 돈의 흐름이 내 생활 근거지 이동의 이유였다.

다음으로 중요한 것은 나만의 우선순위를 매기는 것이다. 부동산 투자의 시작과 마지막은 결국 오롯이 나 혼자 결정해야 한다. 결국 나의 인생이고, 결과도 스스로 짊어져야 하기 때문이다.

예를 들어 분당, 판교, 용인 중에서 분양을 받아야 한다고 생각해보자. 이때 누군가가 어떤 지역이 조금 더 유리하다고 알려줘도 무작정 그의 의견을 따라 결정하지 않는다는 말이다. 배우자의 직장이 압구정동에 있고, 나는 강남이나 영등포에서 근무를 하고 있으니, 어떤 지역에서 생활을 해야 앞으로의 생활에서 돈과 시간을 허비하지 않을 것이며, 여가를 즐길 수 있을 것인지를 고민하는 것은 당연히 본인의 몫이다.

그렇기 때문에 우선순위를 정하는 것이 중요하다. 사전에 내 생활에 대한 계획과 확고한 신념이 없다면 부동산 중개업자가 추천하는 물건들 중에서 고르지 못해 갈팡질팡하거나 대뜸 계약하고 후회할 것이 뻔하다.

부동산 중개소는 오로지 내가 고민하고 결정한 것에 대한 배경 정보들을 들으러 가는 곳임을 명심해야 한다. 부동산 사람들에게 확인해야 할 정보는 주변에 살고 있는 사람들이 누구인지, 주변의 시세가 어떻게 변해왔고, 앞으로의 동향을 어떻게 보는지 등에 대한 정보만을 얻는 곳이라고 생각해야 한다.

부동산 중개업자에게 주도권을 빼앗기지 마라

부동산 중개업자를 만났을 때 가장 멀리해야 하는 질문이 바로 '어떤 것을 사야 하는가'라고 물어보는 것이다. 조금만 생각해보면 이유를 알 수 있다.

내가 20여 년 전 삼성동 집을 팔아 수익을 꽤 남겼을 때의 일이다. 당시 삼성동에 아이파크가 들어선다고 하자 풍수적으로는 별로 좋지 않다는 소문이 떠돌았다. 그래서 부동산 매물의 값이 상당히 괜찮았고, 마침 3층 물건이 나와 있었다. 그동안 부동산 시장의 흐름을 파악한 결과 상당한 오름폭이 있을 것으로 예상되어 부동산 중개소를 찾아갔다. 부동산 중개업자는 나에게 다른 매물을 추천했지만 나는 흔들리지 않고 구매를 결정했다.

이때 절대로 부동산 중개업자가 결정하도록 주도권을 빼앗겨서는 안 된다. 부동산 중개업자가 추천하는 물건들은 오히려 가격이 오를 대로 오른 물건들일 경우가 더 많다. 한마디로 계획이 없고 공부가 부족하면 부동산 중개업자에게 휘둘릴 수밖에 없다.

자신만의 확신과 철저한 준비가 있다면 부동산 중개업자를 괴롭혀서라도 좋은 부동산을 찾아낼 수 있다. 해당 지역의 세세한 정보는 부동산 중개업자가 잘 알고 있겠지만, 그 거래를 위한 정보를 찾아보고 땅 주인 또는 건물 주인과 거래를 하기 위해 준비하고 최종적으로 결정하는 것은 결국 나 자신이다. 결국 부동산 중개업자들은 거래가 이루어져 중개수수료, 즉 복비를 받으면 그뿐이다.

큰 물건을 고를 때에는 동네 식당에서 정보를 얻어야 한다. 제주도처럼 외지인들에게 덜 알려져 있는 지역일수록 동네 식당에서나 만날 수 있는 현지인들에게서 많은 정보를 얻을 수 있다.

내가 서귀포에 집을 마련하기 위해서 제주를 찾아갔을 때에도 마찬가지였다. 주로 지역 주민들이 찾는 식당이나 다방 같은 곳을 드나들며 그 지역에 어떤 상권들이 들어올 예정인지, 은행이나 기업들이 들어올 계획은 없는지 등을 물어서 정보를 얻었다. 그때 들었던 정보가 바로 S그룹에서 곧 들어온다더라, TV에 나오는 모 셰프가 대지를 얻었다더라는 정보들이었다.

이렇게 지역 정보와 유입 인구들의 동태를 파악해야 한다. 그런가 하면 지역의 원주민들에게 딜을 할 때도 있다. 그들에게 현지 시세를 물어보고 있노라면 자신들이 가지고 있는 땅을 소개하며 접근해오는 경우도 간혹 있다. 그런 정보들을 통해 부동산의 실질적인 가격 정보를 얻는 것이다. 다시 한 번 강조하지만 부동산 중개소는 정보를 얻는 곳이 아니라 거래를 하는 데 있어서 도움을 얻는 곳이다. 부동산 중개업자들이 주는 정보만으로는 진짜 정보를 얻을 수 없다.

일반 투자자들이 부동산 투자에서 실패하는 이유는 역시나 계획력이 부족하고 공부를 하지 않기 때문이다. 무작정 부동산 중개업자를 찾아가서 경리단길이나 성수동, 연남동이 뜬다고 하니 건물 좀 알아보러 왔다고 하면 백전백패다.

만약 부동산에 대한 해박한 지식이 있다면 시세가 주변보다 조금 떨어진다거나 약간의 하자가 있는 집이라고 해도 딜을 할 수 있는 배짱이 있어야 한다.

예를 들어 원래 5억 8000만 원인 집이 있다고 하자. 먼저 집을 꼼꼼하게 살피고 나서 약간의 하자를 발견했다면 5억 원에 매매하는 것을 제시하고, 나머지 8000만 원 정도는 공사나 취등록세 등의 비용이 발생하니 깎아 달라고 딜하는 것이다. 그러면 거래자간 합의점인 5억 중반대, 운이 좋으면 5억 초반대 금액으로 거래가 성사될 수도 있다.

이렇게 과감한 딜을 할 때에는 함께 분위기를 맞춰줄 부동산 중개업자를 잘 만나야 한다. 어떤 비즈니스가 되었든, 그리고 모든 준비를 열심히 했어도 결국 사람을 잘 만나지 못하면 마침표를 제대로 찍을 수 없는 법이다.

남들이 살 때 사고 팔 때 팔면 망한다

사람들이 부동산 투자에서 실패하는 이유를 살펴보면, 대체로 시기적으로 사야 할 때와 팔아야 할 때를 놓친 경우가 많다. 만약 부동산이 잘 팔리지 않고 떨어지고 있을 때 당신이라면 어떻게 하겠는가. 나는 바로 그때가 살 때라고 말하고 싶다.

그리고 부동산을 가지고 있는 사람은 부동산 경기가 나쁠 때 옥석을 쥐고 버텨야 한다는 말이다. 그리고 그런 옥석을 찾기 위해 지속적으로 부동산에 대해 공부를 하고 돌아다녀야 하는 것이다.

부동산은 한마디로 배짱이다. 그리고 부동산의 가격이 비싸게 형성되어 있더라도 반드시 거래를 해야 한다고 생각되는 물건이 있다면 우물쭈물하지 말고 결정해야 한다.

또 하나, 부동산을 거래했을 때 차액을 많이 남기지 못한 부동산에 대해서는 절대 미련을 가져선 안 된다. 제아무리 개발 호재가 생겼다고 할지라도, 손해를 보고 나왔던 가격으로 다시 들어가게 되면 본전이다. 그것이 아니라면 절대 뒤돌아볼 필요가 없다.

누구나
첫 투자는
어렵다

부동산 투자를 아무리 잘하는 사람일지라도, 그들이 처음부터 부동산 전문가로 태어난 것은 아니다. 부동산 투자가 생각처럼 쉽게 할 수 있는 것이라면 노른자 땅에 들어가지 못할 사람이 있겠는가. 모두가 알고 있는 지식일지라도 그 지식을 가지고 실천을 하는 사람만이 투자 성공이라는 목표에 이를 수 있다. 그리고 더 나은 목표를 위해 끊임없이 자신을 채찍질해야 안정된 삶을 누릴 수 있다.

나 또한 이렇게 국내도 아닌 해외 부동산에 대해 이야기하고 있지만, 그 시작에는 역시나 초라한 실패의 기록이 자리하고 있다. 또 운동화 밑창이 닳도록 돌아다녔던 시절에 대한 추억도 함께 깃들어 있다.

나는 땅보다 건물에 투자한다

난 지금까지 부동산 투자로 손해를 본 적이 단 한 번도 없다. 하지만 아쉬움이 남는 투자들은 있다. 그중 하나가 첫 투자였던 땅 투자다. 유성온천 부근의 땅 2000평을 샀는데, 알고 보니 그린벨트 1000평에 과수원 700평, 그리고 나대지 300평으로 이루어진 땅이었다.

미래 가치로 따져봤을 때 상당히 오랜 기간을 기다려야 수익을 낼 수 있는 부동산이었다. 훗날 그 땅을 팔 때에는 투자 대비 25퍼센트의 이익을 얻어서 손해를 보지는 않았다. 문제는 내가 그 땅을 팔고 나서 얼마 지나지 않아 유명 브랜드의 아파트가 들어오면서 땅값이 엄청나게 오른 것이다.

이때 나는 깨달음을 얻었다. 땅은 반드시 정보가 있어야 큰돈을 벌 수 있다는 것이다. 일단 땅에 대한 정보를 얻으려면 그 지역에서 오랫동안 거주하며 살고 있는 동네 사람들과 정보를 교류해야 한다. 아무리 내가 발품을 팔아 이리저리 뛰어다니며 정보를 캐내더라도 한계가 있기 마련이다.

게다가 당시에 나는 땅을 사고서 바로 서울로 올라왔기 때문에 그 땅에 대한 투자 정보나 아파트 건설 계획 같은 것을 미리 파악하지 못했다. 투자만 하고 관리를 하지 못해 어마어마한 수익의 기회를 눈앞에서 놓쳐버린 것이다. 그 후 나는 멀리 떨어져 있는 부동산은 활용하기 힘들기 때문에 땅이든 집이든 내가 잘 관리할 수 있는 곳에 있는 부동산을 선택해 투자하기를 실천했고, 또 남들에게도 권장하고 있다.

두 번째 깨달음은 땅을 포함한 모든 부동산은 갖고만 있으면 아무것도 아니라는 사실이다. 부동산은 자체로 아무리 가치가 높다 하더라도, 부동산을 통해 현금을 손에 쥘 수 있어야만 자산으로서 진정한 가치를 가진다.

땅은 오랜 시간 가지고 있어야 가치를 발휘하므로 내 성격과 취향에는 맞지 않았다. 제아무리 땅을 1000평, 2000평을 가지고 있어도 인적 하나 없는 야산이나 들판이라면 무슨 소용이 있겠는가. 땅을 사려는 사람도 없고, 다른 용도로 재개발을 할 수도 없다. 마냥 땅을 손에 쥐고 기다릴 수도 없으니 애물단지를 하나 가지고 있을 뿐이다.

이처럼 주택이나 상가가 아니라 단순히 땅만 사들일 경우에는 가격이 싸다는 것에만 현혹되어선 안 된다. 특히 도시 외곽에 위치해 있어 매매가 쉽게 이루어지지 않는 땅이라면 두말할 것도 없다.

눈앞에서 놓친 일확천금의 기회, 재개발

내가 어린 시절에 멋모르고 땅에 투자를 했다가 큰 깨달음을 얻었다면, 부동산에 투자하며 큰 깨달음을 얻은 사건이 있었다.

미국에 들어가기 전 청담동에 있는 오래된 효성빌라를 가지고 있었다. 지금은 청담 파라곤으로 재건축되어서 30억~40억 원대에 거래되고 있는 고급 빌라다. 당시 미국에 들어가려고 준비하던 중이라 효성빌라를 빨리 정리하고 싶었다. 재개발의 가치를 과소평가했고, 몇 년간 기다리는 시간을 참지 못해 빠져나와 버렸다.

이렇듯 엄청난 부자를 만들어 줄 수 있는 것이 재개발 호재다. 가수 조영남 선배도 몇 억짜리 빌라를 가지고 있었는데 재개발되면서 100억 원으로 올랐다. TV 프로그램에서 이야기한 적도 있어 알고 있는 사람들도 꽤 될 것이다. 그만큼 부동산 시장에서 재건축은 큰 부를 가져다주는 최고의 기회다. 그중에서도 특히 강이나 바다가 내려다보이는 지역의 부동산은 엄청난 부자를 만들어주는 최고의 투자처다.

물론 이것도 어느 지역에 있는 부동산인지가 중요하다. 그리고 재개발이라는 문제는 최소한 8년에서 10년 이상을 바라봐야 하는 분야이기 때문에 판단을 신중하게 잘해야 한다. 재개발이 될 곳이라고 무작정 투자하기 전에 투자금을 언제쯤 회수할 수 있는지 또한 가늠해봐야 한다. 건물을 짓는 데만 몇 년이 걸릴 것이고 입주를 해서 2~3년이 지나야 50퍼센트 정도의 차액을 남길 수 있으므로 긴 시간을 두고 봐야 하는 문제다.

다시 나의 이야기를 하자면, 당시 5억 5000만 원에 빌라를 팔았다. 그 집을 산 사람은 못해도 25억 원 이상의 수익을 남겼을 것이다. 나는 빌라를 판 돈으로 다른 부동산을 매입했다. 난 항상 부동산을 팔고 나면 그 돈으로 다시 부동산을 사는데, 이는 내가 세운 규칙이자 원칙이다.

부동산을 팔면 큰 목돈이 들어오기 때문에 사업 밑천으로 사용하거나 마구 써버리게 된다. 그러면 금방 돈이 없어지기 때문에 이 원칙을 철저히 지키고 있다. 결론적으로 재건축된 파라곤 빌라는 놓쳤으나 더 큰 빌라를 분양받았고, 수년이 지난 후 이 또한 많이 올라 투자 손해는 없으니 나쁘지 않은 투자였다고 지금은 평가하고 있다.

부동산
투자는
장기전이다

투자의 주기적인 측면에서 본다면 부동산에 단기 투자라는 건 없다. 단기적으로 접근하는 것은 문자 그대로 짧게 사고파는 것인데, 부동산을 짧게 사고파는 행위는 투기라고 할 수밖에 없기 때문이다.

내가 몇 번을 강조해도 아깝지 않은 말은 부동산에 투자를 하려면 자신만의 확실한 계획을 짜야 한다는 것이다. 아파트나 빌라와 같은 경우에는 기본적으로 자금 규모가 크기 때문에 단기로 운용을 하겠다는 생각부터 잘못된 것이다. 예를 들어 5억 원짜리 집이 있다고 했을 때, 5억 원의 3퍼센트만 임대수익으로 받아도 150만 원이 된다. 만약 주식처럼 단기로 매매를 한다고 생각하면 안정적인 수익을 얻을 수 있는 기회를 날려버리는 셈이다.

예전에는 양도세라는 세금이 없어 상당히 빠른 시간에 거래를 할 수 있었다. 점차 부동산에도 세금이 붙기 시작하면서 양도세라는 것도 생기고 IMF가 터지면서 부동산에 대한 가치가 올라가기 시작했다.

대한민국의 국민이라면 누구나 자기 집에 대한 꿈을 갖고 살 것이다. 대다수의 국민들이 부동산 투자에 대한 관심을 갖고 있고, 실제로 자기 자산의 85퍼센트 정도는 부동산에 투자가 되어 있다고 본다. 가장 많은 관심을 가지는 투자 분야이면서 가장 세금을 많이 내고 있는 부분이기도 하다.

따라서 나는 부동산을 단기적 관점에서 투자하는 것은 위험하다고 생각한다. 부동산은 적어도 2년 이상, 소위 전 · 월세로 임대를 주는 것을 고려해 장기 투자로 보는 것이 옳다. 특히 우리나라는 전세라는 임대방식이 있는 유일한 나라이므로 전세금으로 무엇을 어떻게 할 것인지를 장기적으로 생각할 필요가 있다.

부동산 투자는 투기가 아닌 '돈 되는 투자'다. 강남의 10억 원짜리 부동산을 사겠다는 목표로 일하는 것을 부정적으로 볼 일이 아니다. 구체적인 목표가 생기면 그만큼 치밀하고 장기적인 인생의 계획을 세우는 데 원동력이 된다. 앞으로의 국내 부동산 시장에 대해서 낙관적으로만 보기는 어렵지만 오히려 그런 때일수록 이런 목표가 부동산 투자를 결심하는 사람들에게는 자극제이자 큰 기회가 된다.

때로는 오래 묵혀라

내가 가진 부동산이 도심에 위치해 있는 핵심 부동산이 아니라면, 최소 10년 이상 참고 기다릴 줄도 알아야 한다. 물론 미리 개발 정보를 입수해 그곳에 들어갈 수 있다면 빠른 시간에 수익을 낼수 있다. 하지만 그럴 수 없다면 지금 매매가 이루어지지 않더라도, 향후 10년 안에 신도시가 들어선다거나 도로가 뚫릴 가능성이 있다는 등의 개발을 예상할 수 있는 눈을 키워야 할 것이다.

시장을 알려면 정확한 정보를 가려낼 수 있어야 한다. 그런 후에야 비로소 본인의 판단에 따라 시장을 예측할 수 있다. 직감은 그냥 얻어지는 것이 아니다. 정보 수집 능력과 발품, 그리고 많은 경험이 쌓여 만들어지는 것이다. 부동산은 큰돈을 가져다주지만 긴시간을 필요로 한다는 점을 명심하라.

우리나라의 부동산 개발 방향을 서울 중심으로 간단히 살펴본다면, 서울 도심의 재개발과 서울 주변의 신도시 개발로 나눌 수 있다. 은평 뉴타운, 길음 뉴타운처럼 서울 시내의 주거 밀집 지역을 재개발하는 방향이 있고, 일산이나 분당처럼 서울 외곽의 한 지역을 신도시로 바꾸는 방향이 있다.

최근에는 하남이나 과천 쪽에도 신도시 붐이 일고 있다. 서울 시내의 경우 주변의 인프라가 대체로 잘 조성되어 있어 개발 이후 빠르게 자리를 잡을 수 있지만, 신도시의 경우 인프라를 조성하기까지 시간이 꽤 걸릴 수 있다는 단점이 있다. 실제로 김포는 신도시로 선정되어 개발이 되는 데까지 꽤 오랜 시간이 걸렸고, 서울 시내로 이어지는 경전철을 뚫겠다는 계획도 현재까지는 그 결과를 장담할 수 없다.

실패를 줄이는
부동산 투자법

미국에서 돌아와 한국 생활을 다시 시작하면서 나에겐 새로운 별명이 생겼다. 부동산 투자 전문가 방미. 방송에서 가수 방미가 아닌 부동산 전문가로서 초대하면, 그동안 내 발로 직접 돌아다니며 얻은 부동산 지식과 생생한 경험담을 풀어놓을 수 있다는 사실에 뿌듯하기도 하다.

뉴욕이며 LA며 하와이며 가릴 것 없이 새로운 부동산에 대한 정보를 얻기 위해 운동화 끈을 조여 매고 지역 조사를 하며 지냈던

해외 투자, 국내 투자와 기본은 같다

시간을 보상받는 기분이다. 가끔씩 방송에 나가면 혼자 사는 사람들은 어떻게 부동산 투자를 해야 하는지를 물어보는 경우가 있다. 또 어떤 부동산을 사야 손해를 보지 않을 수 있는지 물어보기도 한다.

왜 집을 사려고 하는가

먼저 자신이 어떤 목적으로 부동산을 구매하려고 하는지를 분명히 해야 한다. 우리 모두는 각자의 생각이 다르듯 모두 삶의 모습이 다를 수밖에 없다. 그렇다면 자연스럽게 부동산을 구입하는 목적도 무궁무진할 수밖에 없다. 단, 자가로 구입을 하는 경우에는 구매자가 솔로인지 부부인지에 따라 부동산의 규모가 달라진다.

부부의 경우에도 아이가 있는지 없는지에 따라 부동산이 위치한 지역의 학군을 고려해야 한다. 특히 우리나라에서는 학군과 신도시를 중심으로 부동산 가격이 등락하는 경향이 높기 때문에 자신이 어떤 목적으로 부동산을 가지려는지를 구매자가 정확하게 파악하고 있어야 한다. 목적과 계획이 불분명한 상태에서 주변 사람들의 이야기와 불확실한 정보만 믿고 돈이 될 것 같다는 느낌에 투자를 했다가는 필패하고 만다.

고급 빌라, 아파트, 일반주택 등 주택의 유형에 따라 선호하는 사람들의 성향도 다르고 각자가 원하는 목적과 조건이 다르기 때문에 딱 하나의 투자법을 꼽아서 이야기하기는 어렵다. 고급 빌라 같은 경우는 관리비만 내면 해결되는 아파트와 달리 부수적인 비용들이 발생하기 때문에 취급하는 주체가 다르다.

예를 들어 조금 더 프라이빗한 주거환경을 위해 보안 서비스를 직접 신청해야 한다거나 조경을 관리하는 등의 비용이 추가적으로 발생할 수밖에 없다. 소위 재벌, 연예인, 정치인 등이 몰리는 한남동, 이태원, 성북동, 평창동, 청담동, 서초동, 삼성동의 고급 빌라들이 대표적이다.

연립빌라 같은 경우에는 재벌까지는 아니어도 비슷한 사람들끼리 모여서 사는 곳들이 많다. 이런 연립빌라의 특징은 세금이 적다는 것이다. 최근에는 공시지가를 기준으로 세금을 부과하기 때문에 연립빌라의 형태가 줄어들긴 했지만, 한때는 분양회사에서 연립빌라라는 이름으로 팔아야 아파트보다 빠르게 팔 수 있었다. 이처럼 빌라의 형태는 동네의 위치, 수요자의 재산 규모 등에 따라 천차만별로 형성되기 때문에 투자 접근법 또한 제각각이다.

최근에 투자처로 각광을 받고 있는 집들은 주상복합형 고급 아파트다. 서초동, 도곡동, 삼성동, 청담동, 압구정동, 신사동, 이태원, 성수동, 한남동 등의 고급 아파트들이 인기를 끌고 있다. 내가 주목하고 있는 지역은 서초동, 압구정동, 한남동의 핵심 노른자 자리들이다. 강남의 1대 부자들을 비롯해 의사, 변호사, 회계사,

세무사, 기업인, 연예인 등의 신흥 부자들이 이 지역의 아파트들을 팔지 않고 아직도 갖고 있다.

또 학군을 고려해도 가장 메리트가 높은 지역이다. 다만, 평균적으로 40억 원에 육박하는 가격으로 형성되어 있어 일반인 투자자들로서는 엄두를 내기에 부담스럽다는 단점이 있다. 그리고 새롭게 등장한 분당과 용인은 신중히 생각해봐야 한다. 한때 강남의 부자들이 분당과 용인으로 잠시 이동을 했었지만 다시 그곳을 빠져나왔다는 것을 떠올릴 필요가 있다.

어떤 집을 원하는가

솔로, 부부, 아이가 있는 가족 등 구성원에 따라서 원하는 집이 다를 수밖에 없다. 그러나 일반적으로 작게 시작해서 조금씩 키워나가는 것이 정석이다.

나도 사람들에게 자그마한 데서부터 시작할 것을 권하는 편이다. 현금화를 고려해서다. 한 번 집을 사면 그곳에서 오래 살 것 같아도, 영원히 머물 수 있는 경우는 드물다. 나로서도 커다란 집에서 가족들과 모여서 살아봤지만, 시간이 지나면 생각지도 못한 이유들 때문에 만족을 못 하고 이내 다른 집으로 옮겼다.

이처럼 부동산은 목적이나 계획이 지속적으로 바뀌기 때문에 자기 집이라고 생각해서 덜컥 큰 집을 사지 말고, 은퇴 시기 이전까지는 현금화를 할 수 있는 범위 내에서 선택할 수 있는 작은 집을 고르라고 권하고 싶다.

사람들은 큰 집의 가격이 많이 오를 것이라고 생각한다. 그것은 맞다. 그러나 부동산의 가치가 등락하는 것을 관심 있게 지켜본 적이 있다면 사실상 작은 규모의 부동산들이 사고파는 재미를 느끼기에도 좋고, 수익을 남기는 데 있어서도 훨씬 재미있다는 것을 알 수 있을 것이다. 최근 우리나라에서 수요와 공급이 확연하게 많아진 오피스텔이 그런 작은 규모 부동산의 대표적인 사례다. 자가로 들어가서 살기에도 그리 작은 편이 아니고, 임대를 주어 세를 받기에도 편리하다.

내가 뉴욕에서 살 때의 경험으로 본다면 우리나라 사람들은 대체적으로 넓은 집을 선호하는 경향이 있다. 그래서 한국에서 살던 기준을 미국에서도 똑같이 적용하려고 한다. 예를 들어 미국으로 유학을 온 어떤 학생들은 넓고 아늑한 집을 찾다가 학교가 있는 맨해튼에서 1시간 20분이나 가야 하는 지역의 집을 얻기도 했다.

집에서 학교를 가기 위해 전철역까지 20분을 걸어가고 맨해튼까지 1시간이 넘는 이동시간을 감수하면서까지 넓은 집을 얻어야 할 필요가 있을까? 매일 왕복 3시간이나 길에서 시간을 낭비하는 것이다. 만약 솔로라면 학군이나 좋은 집을 따지기보다는 조금 작더라도 자신의 생활반경을 밀집시킬 수 있는 지역을 고르는 것이 여러모로 현명한 선택이다. 부부라면 아이들의 학군이나 생활환경의 쾌적함 같은 것들을 따져야 할 것이다.

만약 자가가 아니라면 외곽에 있는 집이라도 상관없다. 우리나라로 비교하자면 김포나 은평구 뉴타운처럼 조용하고 살기에 쾌적한 지역들이다. 이렇게 외곽 지역에 투자를 해놓고 자신이 분양받은 집의 잔금을 치르는 동안 전세나 월세로 임대를 주다가 자신의 집이 되면 팔 수도 있다. 단, 주의해야 할 것은 최초의 분양가를 반드시 확인해야 한다.

호재보다
중요한
부동산의
기본 조건

   뉴욕에 살 때 시티뱅크에 다니는 친구가 있었다. 내가 주식에 큰 관심이 없다는 것을 잘 알고 있었던 그가 어느 날 이런 조언을 했다. 주식은 내리는 종목도 있지만, 항상 오르는 주식도 많이 있으니 좋은 펀드 매니저를 만난다면 주식도 좋은 투자처가 될 수 있다고 말이다.

   항상 오르는 주식이 무엇인지 어떻게 판단할 수 있을까. 어떤 분야에서 남들에게 조언을 해줄 수 있는 수준의 전문가가 되려면 끊임없이 공부를 해야 한다. 그 친구가 나에게 말해주었던 좋은 펀드 매니저의 판단 기준도, 부동산의 정보를 얻기 위해 늘 발품을 팔면서 공부를 하는 자세가 필요하다고 말한 나의 부동산 투자 철학도 결국은 하나의 결론에 다다른다. 바로 부지런함과 끊임없는 공부다.

오르는 부동산의 3가지 조건

주식처럼 부동산도 오르고 내리기를 반복한다. 지금까지 내가 경험한 바에 따르면, 오르는 부동산의 첫 번째 조건은 '로케이션'이다. 백화점, 편의점, 커피숍, 병원 등 사람이 살아가는 데 필요한 모든 것이 갖춰진 곳은 임대수입이 오르듯 당연히 부동산 가격이 오를 수밖에 없다.

다음으로 '주변의 주거 수준'을 살펴야 한다. 앞서도 말한 것처럼 자신이 투자한 부동산 주변에 어떤 사람들이 살고 있는지 확실히 파악해야 한다. 현재는 자신이 살고 있거나 투자를 한 곳이 평범한 지역일지라도, 주변에 부촌이 있거나 새로운 문화환경이 조성된다면 함께 동반 상승할 가능성이 크다.

또한 오르는 부동산의 조건 중 중요한 것이 '도로의 폭'이다. 기본적으로 큰 길의 폭이 10미터 이상은 돼야 하고, 좁은 길이라도 최소 6미터 이상은 돼야 한다. 이 조건이 충족되지 않는다면 부동산 가격은 오르기 어렵다. 한 예로, 이태원 경리단길 같은 경우 모영화배우가 땅을 매입하면서 유명세를 치렀다. 하지만 워낙에 길이 좁고 언덕이 높은 데다 평범한 소규모 사업체들이 많아 발전 가능성이 낮기 때문에 거품이 금방 꺼졌다.

마지막으로 어떤 부동산이라도 끊임없이 '관리'를 해야 한다. 올해 분양을 받은 아파트라고 해도 10년, 20년이 지나면 고쳐야 할 곳이 생기고 낡기 마련이다. 그래서 부동산을 선택할 때 준공 시기, 준공업체, 분양가, 건물 내외의 자재 등을 꼼꼼하게 체크하고, 관리를 제대로 해줄 수 있는 회사를 함께 고르는 것도 좋은 방법이다.

잘 팔리는 부동산을 사라

이렇게 오르는 부동산이 있다면, 내리는 부동산도 있기 마련이다. 부동산 정책과 경기의 흐름에 따라 변동의 폭이 큰 물건들을 판별해낼 수 있는 눈을 키워야 한다.

개인이 지은 연립빌라나 구석진 동네에 있는 빌라, 주차장이 없는 원룸, 관리 상태가 나쁜 집, 주소를 보고도 쉽게 찾아갈 수 없는 집, 작은 단지의 아파트 등은 세월이 흐르면 흐를수록 제값을 받기가 어려워진다. 언제나 부동산은 사는 것도 중요하지만 팔 때 빨리 팔리고 손해를 보지 않는 물건을 골라야 한다.

나는 부동산을 살 때 물건에 대한 정보를 파악하는 데 큰 역점을 두기 때문에 급하게 결정하는 일이 드물다. 오랜 시간 조사를 해왔던 물건을 선택하는 편이다. 보통 2년에서 3년이 걸린다고 보면 된다. 나는 최소 5년에서 10년 정도 오랫동안 두고 보며 신중히 매입했다.

예를 들어, 부동산의 위치와 주변에 살고 있는 이웃들을 파악하고 해당 지역의 특성을 조사하기 위해 수차례 방문하기를 반복한다. 그리고 경기가 가장 안 좋다고 판단되는 시기에 물건을 싸게 사는 편이다.

그런 과정을 거쳐 나는 뉴욕에서도 LA에서도 서울에서도 내가 꼭 필요한 부동산을 구입했다. 기회는 여러 번 오는 것이 아니다. 만약 싸게 매입할 수 있는 시기가 바로 지금이라고 판단되면 과감하게 결정하는 과단성도 부동산 투자자라면 갖추고 있어야 한다.

연예인
부동산의
허상

TV나 인터넷 기사를 통해 모 연예인이 강남의 부동산 또는 제주도의 땅을 사서 몇 년 만에 수십억 원의 차액을 남겼다는 말들을 많이 듣는다. 이때 주의 깊게 들어야 할 부분이 있다. 실제로 그들이 부동산을 팔아서 현금을 만들었는지는 확인할 수 없다는 것이다.

부동산의 가치는 말 그대로 현 시세를 말하는 것일 뿐, 기사로 전해지는 당시의 시세는 지금과 달라져 있을 수 있기 때문이다. 짧은 기간에 사서 팔았거나 높은 금액의 물건일수록 상당한 양도세도 내야 할 것이고, 투자 대비 은행 이자와 수리비용 등을 따져봐야 하기 때문에 실제로 알려진 가격과는 많은 차이가 있는 것이 당연하다.

그럼에도 달라지지 않는 한 가지가 있다. 큰돈을 번 후에는 사람들이 꼭 부동산에 투자를 한다는 점이다. 그러한 점을 이용해 부동산 사기를 벌이는 사람들도 기승을 부리니 각별히 주의해야 한다.

한때 연예인들을 사칭해 사기를 치는 일들이 많았다. 그런가 하면 연예인들은 주로 연예 활동에 모든 것을 바치는 바람에 주변에 있는 사람들이 연예인의 유명세를 이용해 거액의 투자를 유치하거나 명의를 빌려 사업을 하다 실패하는 경우도 많다.

대체로 연예인들은 회사의 스태프들이 자신의 일거수일투족을 관리해주기 때문에 세상 물정에 조금 어두운 것이 사실이다. 게다가 한때의 인기가 사그라들고 자신을 관리해주던 회사와의 계약도 종료가 되면, 그때부터는 혼자서 모든 것을 해야 하는 처지로 내몰리게 된다. 어쩌면 진정한 의미의 사회생활을 남들보다 더디게 시작하는 셈이다. 이러한 약점을 알고 연예인들만 찾아다니는 사기꾼들이 많다.

내가 알고 있는 연예인만 해도 적어도 80퍼센트는 사업을 시작했다가 실패했다. 대부분 자신의 주변으로 몰려든 사람들의 말만 듣고 솔깃해 투자를 하거나 사업을 시작했다가 망한 것이다.

다른 동료 누군가가 땅을 사서 1년 안에 엄청나게 큰돈을 벌었다는 말에 넘어가 무턱대고 땅을 사는 팔랑귀인 연예인들이 많다. 제주도가 뜨기 시작하면서 기업이나 연예인들이 많이 투자하기 시작했다.

실제로 모 연예인의 경우에는 호텔을 지어 올리려는 계획을 가지고 제주도 부동산에 투자를 하기도 했었다. 제주도의 입장에서도 연예인들이나 기업이 투자를 하면 현지 경기가 살아나고 고용이 늘어난다는 측면에서 반기지 않을 수 없을 것이다.

하지만, 몇몇 기업이나 연예인들이 무턱대고 땅을 사들이고 건물을 올리려다 중단하거나 중국 투자자들에게 넘기는 일들이 많아지고 있다고 한다. 이렇게 한때의 유행에 기대어 부동산에 투자하는 것을 가장 금기해야 한다. 또 그런 한때의 열풍을 이용해 땅이나 건물을 팔려는 사람들을 경계해야 한다.

내가 십수 년 전에 사기를 당하고 나서 꼭 지키려고 하는 몇 가지 규칙이 있다. 첫째, 다른 사람의 말을 경청하되 내가 하는 일이 아니라면 큰 관심을 두지 않는다. 내가 계획한 일이 아니라면 그게 자신에게 얼마나 큰돈을 벌어주는 것이든 귀를 닫아야 한다. 둘째, 어떤 물건을 사려거든 반드시 현장을 돌아보고 서류를 꼼꼼하게 확인한다. 셋째, 어떤 일을 추진하려고 마음먹었다면, 자신의 결정에 대해 자문을 구할 수 있는 현장 관계자나 변호사에게 반드시 확인을 받는다.

돈이 있는 사람들 근처에는 꼭 사기꾼이 있다. 나 또한 선배 부인의 소개로 알게 된 사기꾼한테 10억 원을 사기 당한 적이 있었다. 내가 사기를 당한 경험상 사기꾼들은 돈이 있다는 사실을 알면 그 사람에게서 돈을 다 뽑아낼 때까지 끈질기게 사기를 친다. 그리고 이 사실을 알게 되었을 때에는 똑똑한 척했던 나 또한 돈을 다 잃고 난 후였다. 안타까운 일이지만, 그런 사람들조차도 잘 걸러낼 수 있는 혜안을 키워야 하는 것도 자신의 몫이다.

무엇보다 중요한 것은 자신감을 가지고

직접 해외로 나가 부딪쳐 볼 생각이 있다면,

못할 것이 없다는 점이다.

내가 뉴욕에서 생활하면서 느낀 것은

맨해튼이라는 동네 자체가 생각보다 좁다는 것이었다.

막연히 서울의 땅덩어리에 엉덩이를 붙이고 앉아서

마냥 동경만 해서는 그런 현실 감각을 키울 수 없다.

당신도 뉴욕 맨해튼의 집주인이 될 수 있다

지금 당장 비행기를 타고 떠나라

해외 부동산 투자에 일찌감치 손을 뻗으려면 또 어떤 준비를 해야 할까? 국내 투자와 마찬가지로 일단 현장을 뛰는 것이다. 해외라고 예외일 수 없다. 발품을 파는 것이 지역과 부동산 정보를 얻기 가장 좋은 방법이다.

일단 현장에 가서는 많이 돌아다니며 관찰한다. 어떤 기회든 단서가 눈앞에 있어도 평소 관심을 갖고 있지 않으면 발견하지 못한다. 이렇게 오래 두고 본 지역의 시장을 미리 내다볼 수 있는 예측과 예감이 생기면 빠른 결정을 내릴 수 있어야 한다. 또 마음에 들지 않은 지역이라도 공실 없이 100퍼센트 세를 줄 수 있는 부동산을 골라야 한다.

내가 미국으로 건너갔던 시기는 서브프라임 사태로 주택 시장이 마구 요동치던 때였다. 나는 그런 진흙탕 같은 시기야말로 보석을 건질 수 있는 절호의 기회라고 생각한다. 실제로 당시 내가 구입했던 뉴욕의 콘도는 산 가격의 두 배 가까이 올랐다.

나가면 기회가 보인다

무엇보다 중요한 것은 자신감을 가지고 직접 해외로 나가 부딪쳐 볼 생각이 있다면, 못할 것이 없다는 점이다. 내가 뉴욕에서 생활하면서 느낀 것은 맨해튼이라는 동네 자체가 생각보다 좁다는 것이었다. 막연히 서울의 땅덩어리에 엉덩이를 붙이고 앉아서 마냥 동경만 해서는 그런 현실 감각을 키울 수 없다.

〈섹스 앤 더 시티〉나 〈CSI〉 같은 드라마에서 등장하는 배경에 불과했던 뉴욕이, 실제로 내가 두 발로 딛고서 구석구석을 찾아다니고, 블록과 블록 사이에 숨어 있는 건물들을 찾아 나서면서 내 삶에 스며드는 것이다. 부동산 중개업자가 소개하는 물건을 수동적으로 받아들이는 것이 아니라 자신이 찾은 물건을 부동산 중개업자에게 물어볼 정도는 되어야 한다.

내가 주로 머물렀던 미국을 비롯해 투자 기회를 찾기 위해 조사를 다녔던 캐나다, 호주, 남미 등의 나라들을 떠올려보면, 모두 이민자들이 많고 외국인 투자자들이 몰리는 곳이었다. 그만큼 경쟁이 치열해서 자기만의 경쟁력을 갖추지 못하면 쉽게 도태될 리스크가 많다. 하지만 돈이 돌고 도는 곳에는 늘 부동산과 사업 투자의 기회가 넘쳐난다.

전 세계의 사람들이 즐겨 찾는 해외 휴양지에 투자할 경우, 평소에는 현지 관리인을 두어 임대를 주었다가 안식년 또는 휴가철에는 현지에서 숙소 걱정 없이 생활할 수 있는 나만의 보금자리로 활용할 수 있다.

인생에 공짜는 없다

나는 어떤 분야에서든 10년 이상 투자를 해야 성공의 문턱에 이를 수 있다고 믿는다. 몇 번 강조했지만, 인생에는 공짜가 없다. 다만 기회가 왔을 때 누구보다 빠르게 결정하고 과감하게 투자를 했었기에 지금의 내가 있는 것이라고 생각한다.

누구보다 가난하게 태어나 돈 한 푼 없이 사회생활을 시작한 흙수저였던 나는 가난에서 벗어나기 위해 돈을 벌어야 했고, 부동산에 관심을 가지게 되었으며, 뉴욕에 진출해 해외 부동산이라는 기회를 찾게 된 것이다.

누구든 기회는 발견할 수 있다. 얼마나 치밀하고 간절하게 배짱을 가지고 일을 추진하느냐에 달려 있다. 그래서일까. 미국에서 만난 중개인들은 나의 업무 스타일이 가장 피곤하다고 농담 삼아 이야기하곤 한다. 물론 농담 속에 진담이 숨어 있다는 것을 안다. 그만큼 끈질기게 노력하고 인내할 각오가 있어야만 좋은 결과를 얻을 수 있다. 돈이란 것은 우리가 어떻게 마음을 먹느냐에 달렸다.

한국에서도 정보의 끈을 놓지 마라

해외에서 장기간 체류하는 사람이 아닌 이상 아무래도 해외보다 한국에서 보내는 시간이 더 많을 것이다. 한국에서도 해외 부동산 투자를 시작할 수 있다.

최근 우리나라에도 다양한 종류의 부동산 매물 정보앱이 등장하고 있는 것처럼, 미국을 비롯한 해외 시장에서도 이미 오래전부터 부동산 관련 정보 사이트가 활성화되어 있다.

해당 부동산의 현재 상태를 확인할 수 있는 사진부터 과거 거래 이력, 부동산 시세, 전문가의 감정 평가서 등을 확인해볼 수 있어 직접 부동산을 확인하러 가기 전에 정보를 얻는 용도로 활용하면

좋다. 또한 부동산을 관리하고 있는 중개업자들의 사이트로 연결
시켜주므로 자신에게 맞는 중개업자를 찾는 용도로도 활용할 수
있다.

사전에 미국 부동산 시장에서 자주 등장하는 용어들만 익혀두
면 전문가가 아니어도 미국 부동산 정보를 쉽게 얻을 수 있다.

Tip　　　　　　**해외 부동산 검색을 위한 정보 사이트**

▶ **MLS(http://www.mls.com)**
　미국 부동산 유통 정보 시스템. 부동산 중개업자들이 매물로 나온 부동산을 검색할
　때 주로 이용하는 사이트.
▶ **리얼터닷컴(https://www.realtor.com)**
　미국 전국부동산중개인협회(NAR)에서 운영하는 매매 및 임대 매물 정보 사이트.
▶ **질로우닷컴(https://www.zillow.com)**
　매물 정보와 함께 지역별 주택 가격 동향을 파악할 수 있는 주택 가격 그래프와 부동
　산 전문가들에게 질문할 수 있는 코너를 갖춘 사이트.
▶ **헤이코리안(https://www.heykorean.com/web/us)**
　전 세계에 거주하고 있는 한인들이 부동산 서치 및 구인구직, 중고제품 거래 등을 하
　는 포털 사이트.

비자 발급
A to Z

해외 투자에서 가장 어려움을 겪는 부분이 바로 비자 문제다. 비자를 신청했다가 한 번 거부당하면 재신청까지 1년 정도의 시간을 기다려야 하고, 변호사도 다시 새롭게 선임해야 하고, 이후 재신청 때 심사가 훨씬 까다로워지기 때문에 서류를 더욱더 꼼꼼히 준비해야 한다.

따라서 가능한 한 비자를 한 번에 발급받기 위해 처음부터 대비를 철저히 잘해야 한다. 내가 미국에서 비즈니스를 하고 부동산 투자를 한 만큼 미국 사업 비자를 중심으로 정리하고자 한다.

미국 비자의 종류

2008년부터 시행된 미국 비자 면제프로그램에 의해 관광, 치료, 출장, 단기 취업 혹은 학업 등을 위한 목적으로 미국을 90일 이내로 방문할 예정이라면 무비자로 입국 가능하다. 그 이상 미국에 체류하려면 이민 비자, 즉 영주권(그린 카드)을 취득해야 한다. 미국 시민권자의 배우자와 직계가족의 이민 비자, 가족 초청 이민 비자, 취업 이민 비자, 추첨을 통한 다이버서티 비자로 나뉘는데, 사업 비자는 취업 이민 비자에 해당한다.

[미국 시민권자의 배우자와 직계가족에게 주어지는 이민 비자]
- IR-1/CR-1: 배우자
- IR-2/CR-2: 만 21세 미만의 미혼 자녀
- IR-5: 만 21세 이상 미국 시민권자의 부모

[가족 초청 이민 비자]
- F1(1순위): 미국 시민권자의 미혼 자녀와 그의 만 21세 미만의 미혼 자녀

- F2(2순위): 영주권자의 배우자, 만 21세 미만의 미성년 자녀, 그리고 만 21세 이상의 미혼 자녀
- F3(3순위): 미국 시민권자의 기혼 자녀와 그의 배우자, 그리고 만 21세 미만의 미혼 자녀
- F4(4순위): 미국 시민권자의 형제 또는 자매와 그의 배우자, 그리고 만 21세 미만의 미혼 자녀

[취업 이민 비자]

- E1(1순위): 과학, 예술, 교육, 사업 또는 체육 분야에 우수한 능력을 가진 자/국제적으로 인정받고 있는 3년 이상의 교수 또는 연구 경력이 있는 교수 또는 연구자/미국 회사의 협력사, 모회사, 자회사 또는 지사의 경영 간부
- E2(2순위): 고등 교육과정 수준이 요구되는 고도의 전문직 종사자 또는 과학, 예술, 사업 분야에서 상당한 능력을 보인 자
- E3(3순위): 학사 학위가 요구되는 직종에 근무하는 자, 2년 이상의 경력이 있는 숙련공, 또는 2년 이하 경력의 직공
- E4(4순위): 특별 취업 이민/미국 정부 근속자로 특별 이민을 신청하고자 하는 자는 본인의 현재 근무지, 퇴직자의 경우 최종 근무지의 인사과 또는 그에 준하는 부서를 통해 이민 신청을 해야 한다.
- E5(5순위): 미국에서 고용을 창출하는 투자를 통해 이민 비자

를 신청하려는 자/이민 비자 신청자와 그 동반 가족을 제외한 10인 이상의 미국인, 미국 영주권자 또는 합법적 체류자의 정규 고용을 창출할 수 있는 사업체에 50만~100만 달러의 투자가 선행되어야 한다.

- H1B: 고소득 전문직(IT 등) 종사자용 취업 비자. 숫자가 정해져 있어서 지원자가 많으면 추첨을 한다.

[약혼자 비자(비이민 비자)]

- K1: 미국 입국 후 90일 이내에 초청자인 미국 시민권자와 결혼해 미국에서 영주할 목적인 경우에 신청할 수 있는 비이민 비자

0단계: 변호사 선임

미국 내의 비즈니스 계약, 부동산 계약을 근거로 비자를 발급받을 때 영사관에 제출해야 하는 서류를 작성하고 검토해줄 변호사가 필요하다. 비자 발급 시 거쳐야 하는 모든 과정을 완벽하게 소화하려면 영어 실력뿐만 아니라 법률 지식까지도 갖추고 있어야 하는데 이 역할을 변호사가 돈을 받고 대신 수행하는 것이다.

사업 비자를 준비하는 경우 미국 내에서의 업무를 도와주는 미

국 변호사 한 명, 국내에서 미국에서의 정보들을 번역해 알려주고 관련 법률 조항이나 서류 등을 수시로 점검해주는 한국인 국제 변호사 한 명, 총 2명이 있으면 좋다.

비자 종류에 따라 수임료가 다 다르지만, 사업 비자의 경우 미국 변호사의 수임료는 대략 3000~1만 달러 정도다. 물론 자신 있다면 혼자서 준비해도 되지만, 재신청할 여유 기간이 없다면 변호사를 선임하는 게 안전하다.

1단계: 서류 준비

우선 자신이 미국에 들어가는 목적과 그에 따른 법에 부합하는 내용을 철저하게 준비하고 있어야 한다. 미국에 비즈니스를 위해 들어갈 경우 계약서와 계약기간이 매우 중요하다. 예를 들어 세탁소를 운영할 계획이라고 한다면, 우선적으로 세탁소를 차리려고 하는 매장에 대한 계약서와 직원을 고용할 계획이라는 것을 증명하는 서류가 필요하다.

만약 미국 내 매장을 보유하고 비즈니스를 운영하는 입장이라면, 변호사를 고용해서 1년에 한 번씩 세금 신고를 하고 최소 3명 이상의 피고용인을 두었다는 것을 증명하는 것이 안전하다.

계약서에 명기된 계약기간도 매우 중요하다. 5~10년 정도라면 큰 문제가 되지 않지만, 계약기간이 짧은 경우에는 비자가 거부당할 위험이 있기 때문이다. 기본적으로 잠시 동안 체류를 하며 돈을 벌기 위해 미국에 들어가는 것을 미국에서는 굉장히 싫어한다. 자국의 노동 시장을 위협하는 요소가 될 수 있기 때문이다.

또 많은 사람들이 변호사를 시켜서 서류를 조작하는 경우도 많아서 미국에 체류를 하면서 일을 하는 곳에 직접 전화를 해서 물어보거나 계약서의 내용이 사실인지를 확인하는 과정도 있다. 그래서 비자 발급에 필요한 서류를 제출하고 나면 3~4개월을 기다려야 하는 경우도 많다.

기본적으로 미국의 영사는 자국에 이익을 주는 사람인지 아닌지를 판단 기준으로 해 비자를 발급한다. 만약 내가 5억 원을 자본금으로 가지고 미국에 들어갈 때 서류상에 피고용인 2명을 기재했다면, 미국 영사 입장에서는 고작 2명밖에 고용을 하지 않는다는 것을 빌미로 비자를 거부할 수 있다.

그렇게 비자를 거부당하면 적어도 10개월 이상을 기다려야 다시 비자 심사를 받을 수 있다. 내 경우에도 미국에서 비즈니스를 하기 위해 비자를 받는 과정에서 영사로부터 비자를 거부당해 1년을 기다리기도 했었다.

미국 영사관에서는 지난 3년간의 장기 체류 기간이 얼마나 되는지도 주의 깊게 살펴본다. 만약 미국에서 비즈니스를 시작할 생각이 있다면 미국 내 한 달 이상의 체류 기간이 잦은 것을 피하는 것이 좋다. 비자를 발급하는 영사관 입장에서는 그런 장기 체류 기간이 잦을수록 미국 내에서 특별한 비즈니스를 하지 않은 상태로 직업을 얻어 살려는 목적을 가진 것으로 오해를 할 수 있기 때문이다.

내 경우에는 한국에 들어오고 싶다는 마음도 있었고, 한국 내의 지인들을 만나거나 은행 관련 업무를 보며 부동산 투자를 꾸준히 하고 싶었기 때문에 한국에 1년에 두 차례 정도 방문하는 것을 선호했다. 그렇기 때문에 한국에서 비자를 신청한 것이다.

만약 미국 내에서 본격적으로 투자를 하거나 비즈니스를 하기 위해 미국에서 나오지 않겠다고 각오한 사람이라면 미국에서 비자를 발급받고 영주권을 신청하는 것이 훨씬 좋다.

참고로 요즘에는 적어도 10년 정도 거주하며 기다려야 영주권이 나온다.

2단계: 영사관 인터뷰

비자 발급에 따른 서류 준비를 철저히 했다면, 다음 관문은 미국 영사관과의 인터뷰다. 이때는 변호사나 다른 사람을 동행할 수 없고 혼자서 영사관을 상대해야 한다. 그렇기 때문에 더욱더 철저한 준비가 필요하다.

어떤 영사관들은 사소한 꼬투리를 잡아 질문을 던지는데, 이때 당황해서 우물쭈물하거나 다른 대답을 해서는 절대 안 된다. 침착하게, 가능하다면 미소를 띠며 이야기하는 게 좋고, 최대한 자신감 있는 태도로 임하면 된다. 머릿속으로 미리 시뮬레이션해보는 것도 도움이 된다.

3단계: 비자 발급

사업 비자의 유효기간은 2년 혹은 5년이다. 하지만 체류 기간은 2년이기 때문에 유효기간이 5년이라도 2년이 지나면 한국에 다시 들어왔다 나가야 한다.

영주권 신청자들은 영주권을 발급받기 전까지 절대 출국하면 안 된다. 사업 비자가 있다고 해도 영주권을 신청하면 사업 비자는 없어진다.

임시 영주권으로 미국 내에서 취업을 하거나, 미국 외의 지역으로 여행을 할 수 있다. 영주권 인터뷰 후 발급이 승인되면 영주권이 배송되며 보통 1개월, 길게는 수개월도 걸린다.

영주권을 가진 사람이 미국에서 12개월 이상 출국해 다른 지역에 거주해야 한다면 미국에서 출국하기 전에 반드시 재입국 허가를 신청해야 한다.

만약 재입국 허가 없이 미국 외의 지역에서 12개월 이상 거주했다면 영주권자 자격을 상실하고, 미국으로 다시 돌아가려면 새로운 이민 비자를 발급받아야 한다.

만약 비자 발급에 실패했다면

나도 비자를 두 번이나 거부당한 적이 있다. 나는 그 기간을 오히려 다양한 부동산 시장을 경험할 수 있는 기회로 삼았다. 미국에 들어가지 못하는 기간 동안 캐나다, 호주, 태국, 일본 등을 돌아다니며 새로운 부동산 투자처가 없는지 탐문하는 시간을 가진 것이다.

물론 미국이라는 나라에서 많은 기회를 얻을 수 있지만, 그 외의 나라에도 부동산 시장은 존재하고 또 그 나라에서도 기회는 찾아지기 마련이다. 좋은 기회와 리스크는 언제나 늘 함께한다. 만약 미국 비자 발급에 어려움이 있다면 다른 나라들에 도전해보는 것도 좋은 선택이다.

비자 발급에 필요한 기본 서류

▶ **기본 서류**

　여권, 증명사진, 재직증명, 사업자등록증명, 소득금액증명, 졸업증명, 성적증명, 영문
통장잔고증명, 복직예정증명.

▶ **재정보증인 서류**

　재직증명, 소득금액증명, 영문통장잔고증명, 지방세세목별과세증명, 사업자등록증명,
(소득 증빙 가능 서류, 수입을 증명할 수 있는 계약서, 펀드 등)

▶ **재정보증인과의 관계 증명 서류**

　가족관계증명, 혼인관계증명.

**미국
핫플레이스
둘러보기**

앞서도 계속 강조했듯 무조건 해외에 나가서 직접 보고 느껴야 한다. 하지만 막상 해외로 나갔을 때 현지 부동산을 어떤 목적으로 운용할 것인지를 정하지 않은 상태라면 제대로 된 매물을 찾아내지 못한다.

자신의 목적에 맞는 지역과 부동산을 찾는 것은 말처럼 쉬운 일은 아닐 것이다. 최대한 효율적으로 해외를 방문하고 부동산을 찾고 싶다면 대략적으로라도 그 나라의 도시에 대한 정보를 파악하고 그에 맞는 부동산 계획을 세운 후에 출국하는 것이 현명한 방법이다. 지금부터 내가 소개하는 미국에 대한 정보가 여러분에게 조금이나마 도움이 되길 바란다.

뉴욕

내가 미국에 들어가 가장 먼저 발을 내디뎠던 곳이자 내 이름을 건 첫 주얼리숍 '미애방'을 오픈한 곳. 바로 뉴욕이다. 뉴욕은 맨해튼을 중심으로 모든 것이 돌아간다고 보면 된다. 전 세계 모든 비즈니스맨들이 한 번쯤은 방문하는 곳이고, 수많은 국가의 사람들이 저마다의 꿈을 가지고 찾아오는 곳이기도 하다. 나 또한 주얼리숍이라는 비즈니스와 부동산 투자를 위해 밤낮없이 뉴욕의 곳곳을 헤집고 다녔었다.

뉴욕의 맨해튼을 지역별로 조금 자세히 들여다보면 매우 흥미로운 것을 발견할 수 있다. 업타운(up town), 미드타운(mid town), 다운타운(down town)으로 나눌 수 있는데, 각 지역마다 색다른 분위기와 삶의 방식이 존재한다. 특히 뉴욕의 부동산 시장에 관심을 갖고 다년간 살펴본 결과, 맨해튼의 부동산 가격은 떨어지지 않는다는 것을 느꼈다.

뉴욕은 경제와 문화 등 모든 면에서 세계의 중심일 뿐만 아니라,

교육과 주거 면에서도 뛰어난 환경을 자랑한다. 다른 지역에 비해 집값이 비싼 편에 속하지만, 고소득 일자리가 집중되어 있기 때문에 높은 가격대를 형성하고 있다고 판단된다. 또 싱글족과 유학생들이 많은 지역이라 원룸이 굉장히 많은 편이다. 무비자로도 집을 구입할 수 있고, 귀국 후에도 집을 소유할 수 있으며, 구입가에 대한 한도도 폐지되었다.

[맨해튼 업타운]

대체로 뉴욕은 전통적인 모습을 많이 간직하고 있는 이스트와 새로운 건물들이 세워지고 있는 웨스트 지역으로 나눌 수 있다.

어퍼웨스트는 새롭게 시작하는 맨해튼의 '신도시'다. 새로운 건물과 콘도들이 세워지고 있으며, 뉴욕의 핵심인 30~40대 젊은 부부들이 많이 살고 있는 곳이다.

어퍼이스트는 전통적으로 백인 부자들이 많이 사는 지역으로 투자용으로 적합하다고 생각한다. 맨해튼에서 최고로 안전하고 깨끗한 고급 주거지라는 이미지가 강하고, 학군이 좋으며, 부동산 물량도 꾸준해 투자자들에게는 안성맞춤인 곳이다.

이곳에서 살고 있는 사람들은 미 정부에서 지급하는 안정적인 연금에다 개인 연금이나 각종 세제 혜택, 보험 서비스를 두루 누리고 있는 이들이 대부분이다. 젊은 층보다는 50대 중반 이상이 많다. 그런 덕분에 맨해튼 하면 떠오르는 활기찬 분위기보다는 조용하고 차분한 구석이 많다. 또 경기에 큰 영향을 받지 않는 소비문화가 자리 잡고 있어 오래도록 단골로 유지되는 상점들도 많다.

만약 뉴욕으로 유학을 가려는 자녀가 있거나 뉴욕에서 생활하기 위한 계획이 있다면, 뉴저지나 롱아일랜드처럼 외곽 지역을 고집하기보다는 어퍼이스트 지역을 고려해보는 것을 우선적으로 추천한다. 물론 맨해튼을 벗어난 지역의 집들은 우선 넓기도 넓을뿐더러 쾌적한 환경까지 갖추고 있어 흠 잡을 곳이 없지만, 무엇보다 맨해튼에 위치한 유명 대학이나 기타 상업지역으로 접근하는 데 꽤 오랜 시간이 걸린다는 점을 무시할 수 없기 때문이다. 조금만 노력하면 맨해튼 업타운 지역의 콘도 중에서도 만족할 만한 부동산을 찾을 수 있을 것이다.

[맨해튼 미드타운]

미드타운은 맨해튼의 센트럴파크 아래쪽에 있는 상업지역이다. 뉴욕에 대해 말할 때 내가 늘 강조하는 지역이다. 돈이 도는 곳은 반드시 부동산 가격도 오르기 때문이다. 그 지역에 들어서 있는 고급 카페들만 둘러보더라도 얼마나 돈이 도는 지역인지를 알 수 있다. 뿐만 아니라 미드타운의 피프스 애비뉴를 따라 형성된 명품 상권들이 갖는 영향력은 어마어마하다.

링컨센터가 있는 지역은 맨해튼의 신흥 부자들이 몰려 있는 웨스트 지역이다. 허드슨강과 맞닿아 있고, 뉴욕 하면 늘 함께 떠올리는 센트럴파크를 비롯해 세계적인 줄리아드 음악학교와 아이비리그인 컬럼비아 대학이 근처에 위치해 있어, 콘도가 매우 비싼 가격에 사고 팔린다.

이곳의 부동산 중 80퍼센트 정도를 유태인이 소유하고 있다. 내가 만난 유태인들의 투자 방식을 보면 대체로 나와 비슷했다. 불필요한 돈의 지출을 없애기 위해 일정한 수입이 나올 수 있는 기간을 미리 판단하고 계획한다. 그리고 그 기간 동안의 지출 계획을 세운 다음, 은행 대출을 50퍼센트 정도 받아 건물을 사들이는 것이다. 그리고 건물의 1층은 상가, 2층부터는 사무실로 임대를 내주어 고정적인 수입을 확보한다.

이렇게 수익이 모이면 다시 다른 부동산에 투자를 한다. 참고로 은행에서 대출을 해줄 때에는 건물 임대료를 기준으로 삼는다. 서브프라임 사태가 일어나기 전에는 수입 대비 70퍼센트까지도 대출을 받을 수 있었다. 다행히 맨해튼의 건물들은 서브프라임 사태가 일어났을 당시에도 가격이 크게 떨어지지 않았다.

[맨해튼 다운타운]

맨해튼의 다운타운을 떠올리면 언제나 그날이 생각난다. 2001년 9월 11일. 그날은 미국의 상징과도 같았던 거대한 쌍둥이 빌딩이 테러로 인해 무너진 날이다. 무역센터가 무너진 후 공교롭게도 경기가 침체하면서 많은 상점들이 문을 닫기 시작했고, 부동산 가격도 30~40퍼센트 정도 하락했다.

　다운타운에서 생활하는 많은 사람들이 테러 후유증으로 우울증이나 환청에 시달리기도 하고 정신과 치료를 받는 사람들도 갑자기 늘어났다. 이런 아픈 기억이 남아 있는 곳이긴 하지만, 다운타운은 맨해튼의 업타운이나 미드타운과 비교해봐도 많은 장점이 있는 지역이다.

　우선 다운타운 웨스트는 미국을 방문하는 사람이라면 누구나 한 번쯤 보고 싶어 하는 자유의 여신상이 있는 지역이다. 또 허드슨강 주변으로 배터리파크가 펼쳐져 있다. 뉴욕을 따라 흐르는 시원한 강을 보며 조깅을 할 수도 있는 트랙과 축구장, 농구장, 야구장 등의 체육시설은 물론 도서관과 공원도 매우 잘 갖춰져 있다. 여름이면 다양한 콘서트와 공연 등 예술 프로그램도 즐길 수 있다.

　배터리파크 내의 콘도들은 대부분 뉴욕시 정부 소유다. 집을 사도 땅이 개인 소유가 아니기 때문에 집값이 주변 시세보다 25퍼센트 정도 저렴하다. 그 대신 세금이 비싸다. 뉴욕시에서 운영하는 여러 공공시설이 있고 경비시설이 잘 갖춰져 있어 높은 삶의 질을 누릴 수 있는 대가라고 생각하면 된다. 배터리파크의 집들은 계약이 종료되면 다시 뉴욕시 소유가 된다. 그리고 계약이 종료되어 뉴욕시에 땅을 반납하게 되면 그만큼 보상을 받게 된다. 만약 재계약을 하게 되면 다시 몇 년 동안 살거나 부동산 거래를 계속하면 된다. 미국에는 이런 식으로 운영되는 땅이 꽤 많다. 특히 아름

다운 전망과 훌륭한 시설을 갖춘 곳들은 시에서 소유하고 있는 경우가 많다.

뉴욕뿐만 아니라 LA시에서도 세계적 관광지인 샌타모니카비치에 있는 집들과 땅들을 소유하고 있다. 이러한 미국의 부동산 개념에 익숙하지 않은 사람들은 선뜻 투자에 나서지 않는 편이다. 특히 자기 집 한 칸 마련하기를 꿈꾸며 모든 것을 투자하는 우리나라 사람을 비롯한 아시아권 사람들은 쉽게 접근할 수 없는 방식인 셈이다. 그래서 주로 백인들이 많이 산다. 그들은 다른 무엇보다도 자신의 삶을 무척 소중하게 생각하기 때문에 쾌적하고 완벽한 시설과 함께 아름다운 전망을 갖춘 집이면 충분하다고 생각한다.

미국인들이 투자를 하는 일반적인 방식은 연금과 주식인데, 그 비율이 대략 자산의 80퍼센트 정도라고 한다(우리나라 사람들이라면 80퍼센트를 부동산에 투자할 것이다). 특히 그들은 자기 자신에 집중하는 삶의 방식을 가지고 있다. 타인의 말에 흔들리지 않고 주도면밀하게 일을 추진하며 성과를 올리기 위해 혼자서 조용히 노력하는 편이다. 사람들과 불편한 관계를 만들지도 않고 불필요한 관계에 휘말리지 않으려고 늘 조심한다.

그런 사람들이 사는 지역이어서 그런지 몰라도 미국의 부동산들을 보고 있으면 굉장히 비즈니스를 위해 특화되어 있거나, 다른 누구에게도 방해받지 않고 쉴 수 있는 주거지역으로 특화되어 있다는 느낌을 받을 수 있다.

[롱아일랜드시티]

나는 맨해튼을 중심으로 비즈니스를 하면서 부동산에 관심을 가지기 시작했지만, 뉴욕에는 맨해튼 외에도 다양한 지역이 있다. 뉴욕은 크게 맨해튼과 롱아일랜드, 브롱크스, 브루클린, 퀸스로 나뉜다.

그중에서 롱아일랜드시티는 뉴욕 미드타운의 전경을 조망할 수 있는 지역이라는 장점을 가지고 있다. 맨해튼보다 상대적으로 부동산 가격이 비싸고, 렌트 비용은 5개 지역 중 가장 비싼 편이다. 백인들이 주로 살고 학군이 좋아 괜찮은 투자처가 될 수 있다. 물론 교통과 안전에 대한 메리트가 없는 상태에서 투자할 경우에는 수익률을 장담할 수 없다.

[플러싱]

플러싱은 퀸스 지역에 속한 곳으로, 맨해튼과 가까운 곳이지만 동네 자체는 썩 좋지 못하다. 하지만 한국에서 유학을 온 학생들이 많이 살고 있어서 게스트하우스를 운영하기 좋은 여건을 갖추고 있다.

맨해튼은 비즈니스와 관광을 위주로 돌아가는 지역이기 때문에 주택이나 호텔의 비용이 워낙 높은 편이라 저렴한 호텔을 구한다고 해도 400달러는 족히 지불해야 한다. 그렇기 때문에 상대적으로 저렴한 게스트하우스에 대한 수요가 높아 공실이 없다. 또한 주변에 한국 상점과 한국 사람들에게 필요한 것들이 구비되어 있어 한국 사람들이 살기는 매우 좋다.

맨해튼을 벗어나 퀸스 지역으로 나오면 조금 여유가 생긴다고 보면 된다. 다만, 다양한 인종이 모여 사는 만큼 이웃에 살고 있는 사람들의 구성을 먼저 확인할 것을 권한다.

[브루클린]

한때 브루클린은 뉴욕 중에서도 꽹장히 낙후된 지역이라는 오명을 입어야 했다. 범죄조직이나 부랑자들이 넘치는 곳으로도 유명했다. 70년대 말부터 예술가들이 폐쇄된 공장 지대에 하나둘 모여들기 시작하면서 예술의 공간으로 거듭났다. 덕분에 브루클린은 독특한 문화와 건축물들이 공존하는 지역으로 손꼽히고 있다.

2002년 마이클 블룸버그 뉴욕 시장이 '젊은 뉴욕'을 표방하며 도시 재생 프로젝트를 도입해 허드슨 야드에 재개발 사업을 추진하고, 브루클린브리지 공원의 워터프런트에 초호화 호텔과 주택도 조성했다.

이후 낙후된 구 도시의 이미지를 벗고 예술의 도시로 조금씩 알려지기 시작하면서 부동산 가격도 동반 상승하기 시작했다. 지금은 가격이 상당히 오른 상태이기 때문에 더 이상 크게 오르기는 어려울 것으로 판단되어 투자처로 권하지는 않는다.

[브롱크스]

뉴욕의 5개 자치구 중 가장 북쪽에 위치해 있다. 맨해튼과는 철도로 연결되면서 교외 주택, 공업지구가 많이 들어섰다. 뉴욕과 대륙을 이어주는 위치에 있어 맨해튼, 퀸스 같은 뉴욕의 섬들과도 여러 다리로 이어져 있다. 뉴욕 양키스의 홈구장과 브롱크스 동물원 등 다양한 문화 공간도 갖추어져 있다.

최근 뉴욕의 부동산 시장이 오름세를 보이고 있는 가운데 브롱크스와 롱아일랜드시티처럼 외곽 지역의 집값이 많이 치솟고 있다고 한다.

[저지시티/호보컨/포트리]

뉴저지 주의 새로운 신도시로 발전하고 있는 지역들이다. 저지시티는 뉴욕 맨해튼의 다운타운과 홀랜드 터널로 이어져 있다. 13년 전 골드먼삭스를 비롯해 재벌 콘도들이 저지시티에 자리를 잡으면서 주변의 부동산 가격이 폭등하는 원동력이 되었다. 처음에 저렴하게 분양된 탓에 당시 부동산을 매입한 사람들은 크게 수익을 얻었고 여전히 부동산 투자처로 손색없는 곳이다.

저지시티의 가장 큰 매력은 허드슨강을 바라보며 뉴욕 맨해튼의 전경을 볼 수 있다는 것이다. 저지시티의 뉴포트 지역에는 백화점과 쇼핑센터도 갖춰져 있고, 1212에이커에 달하는 리버티 스테이트파크와 리버티 사이언스센터처럼 여가와 문화를 즐길 수 있는 시설도 주목할 만하다.

호보컨은 저지시티의 북쪽에 위치한 조용한 지역으로, 맨해튼과의 인접성 때문에 고소득 중산층들의 동네로 바뀌고 있다.

포트리는 어퍼웨스트 지역과 조지 워싱턴 다리로 이어져 있고 최근에 중심가 상권의 경기가 살아나면서 부동산 가격도 동반 상승하고 있다.

LA

LA는 뉴욕과 함께 미국을 대표하는 대도시다. 크게 다운타운, 코리아타운을 중심으로 한 미드타운, 비치 라인을 따라 형성된 부촌으로 이루어져 있다. 아름다운 바다와 산이 넘쳐나는 곳으로, 세계에서 가장 유명하다는 샌타모니카비치, 말리부비치, 베니스비치, 허모사비치 등이 있는 곳이기도 하다.

[다운타운]

LA의 다운타운은 평소 미국인들도 쉽게 드나들지 않는 낙후된 곳이었다. 10여 년 전부터 LA 시장을 비롯한 정치인들이 LA를 뉴욕 맨해튼의 월스트리트처럼 돈이 도는 중심지로 거듭나게 하겠다는 공약을 내세우기 시작했다. 경제의 중심지뿐만 아니라 서부 지역의 새로운 중심지로 탈바꿈하겠다는 포부를 밝힌 것이다. 물론 내 생각으로는 LA가 맨해튼 같은 도시로 바뀌기 위해서는 60~100년은 걸릴 것이라고 판단하지만, 최근에 급격하게 발전하고 있는 분위기임은 분명하다.

다운타운에는 주로 관공서들과 고급 호텔과 콘도미니엄들이 많이 위치해 있다. 그중에서도 고급 콘도미니엄이 즐비한 윌셔 대로와 사우스 피구에로아 스트리트가 교차하는 곳에 대한항공이 소유한 윌셔그랜트센터가 자리하고 있다. 저층부에 상업시설이 들어가 있고, 그 위로는 오피스 공간과 인터콘티넨탈 호텔이 있다.

중국계 국영회사에서 지은 콘도미니엄과 레지던스 건물들도 많이 분양되고 있다. 류현진 선수가 분양받아 살고 있는 리츠칼튼이 운영하는 콘도는 다저스 스타디움과도 매우 가까운 다운타운에 위치하고 있다. 호텔급 시설과 서비스를 갖추고 있는 것으로 유명하다.

이런 부동산은 지역적인 메리트뿐만 아니라 고급 주택으로서의 메리트도 충분히 가지고 있어 최고의 부동산이라 할 수 있다. 다만 관리비가 3500달러 이상으로 너무 비싸 상위 1퍼센트 정도 되는 재벌이나 되어야 꿈을 꿀 수 있을 것이다.

또 다운타운에는 미국 프로 농구팀과 아이스하키팀의 홈구장으로 유명한 스테이플스센터도 있다. 주변으로 한국인들이 많이 살고 있는데, 이곳에 일거리가 많기 때문에 사람들이 모여들고 있는 추세다. 집값은 50만~80만 달러 수준이며, 집을 구매하기보다 렌트를 해서 1500~3000달러 정도의 렌트비를 내고 사는 것이 일반적이다.

상업지역인 '자바'라는 홀세일 시장도 있다. 이 지역에는 1만 개 이상의 매장들이 운영 중이고, 그중 90퍼센트 이상을 한국인들이 운영하고 있다. 특히 자바 시장에서 탄생한 브랜드가 바로 전 세계 패션계 10대 재벌회사로 거듭난 포에버21이다. 이 밖에도 LA에는 재패니즈타운과 차이나타운이 있어 일자리도 많고 동양 인들이 살기 편한 곳이다.

[미드타운/코리아타운]

미드타운은 한국인들을 대상으로 하는 병원, 대형 마트, 학교, 호텔 등 많은 시설들이 잘 갖추어져 있어 한국 사람들이 살기 좋은 상업 및 주거 중심 지역이다. 일반적으로 유닛 타운하우스와 다가구주택 등에 많이 거주한다.

이곳은 1970년대 사업, 유학, 취업 등을 위해 미국으로 들어와 터전을 닦은 1세대들이 만든 코리아타운이 있는 곳이다. 그들은 생활력이 매우 강하고 추진력이 엄청났다. 제2의 한국이라고 불리는 LA지만, 그곳은 엄연히 미국 땅이다. 그들이 그런 성공을 이루기까지는 많은 난관이 있었다.

1992년 LA 흑인 폭동이 대표적인 사례다. 흑인들이 일으킨 폭동의 불길이 코리아타운으로 튀는 바람에 모든 재산을 잃은 사람들도 생겨났었다. 당시 LA 경찰은 백인들 동네를 중심으로 경호를 했었고, 코리아타운으로 몰려든 흑인들에 의해 수많은 상점과 한인들이 약탈과 폭력의 피해를 입었다.

월남전 참전 군인이었던 한국인 마트 사장님은 직접 바리케이드를 치고 소총을 들이대며 자신의 가게와 가족을 지켰다. 당시 한인 사업체의 90퍼센트가량인 2800개 업체가 피해를 입었으며 피해액만 3억 5000만 달러에 달했다고 한다.

당시 대통령이었던 조지 부시가 방문해 한국 이민자들의 이야기를 듣는 모습이 TV에 중계돼 한국에서도 큰 화제가 되었던 기억이 있다.

당시의 절망을 딛고 일어선 한인들은 LA를 새로운 터전으로 탈바꿈시켰다. 서브프라임 사태 때에도 코리아타운은 부동산 가격이 10퍼센트밖에 떨어지지 않을 만큼 탄탄한 입지를 자랑하는 곳이 되었다. 그곳에서 사업을 하는 한인들이 납부하는 막대한 세금 덕분에 LA 정부에서도 한인을 무시하지 못한다고 한다. 한인들이 당당하게 살아갈 수 있도록 터전을 만들어놓은 선배 교포들이 있었기에 가능한 일들이다.

[LA 부촌과 주변 지역]

미드타운 위쪽으로 가면 유명 관광지와 부촌이 자리하고 있다.

영화에 많이 등장하는 로데오 거리, 세계적인 부자와 스타들이 살고 있는 베벌리힐스, 유니버설스튜디오 옆 다니엘 헤니가 살고 있는 스튜디오시티 등이다. 이 지역은 미국 서부 해안을 끼고 할리우드를 비롯해 수많은 영화사들의 세트장이 있어 영화배우들과 각종 스포츠 스타들, 그리고 국내외 재벌들의 집들이 LA를 중심으로 분포되어 있다.

동쪽인 애너하임에는 디즈니랜드가 있고, 서쪽에는 UCLA와 USC가 자리하고 있다. 마리나 델 레이, 베니스비치 쪽으로는 중산층들이 많이 모여 살고 있고, 샌타모니카·말리부비치 쪽으로는 세계적인 부호들의 별장이 곳곳에 있다. 이수만 회장이 구입했다는 별장도 말리부에 있다. 이곳의 집값은 뉴욕만큼 높은 가격으로 형성되어 있다.

LA 남쪽도 부동산으로 인기를 끄는 지역이다. 특히 뉴포트를 비롯해 풀러턴, 애너하임, 어바인, 헌팅턴비치, 라구나비치 등 오렌지카운티라고 불리는 곳에 한국인 부자들이 많이 살고 있다. 주로 부동산에 관심이 많은 재벌들이나 연예인들이 자식 교육을 위해 집을 마련하는 곳으로 알려져 있다.

최근에는 한국 사람뿐만 아니라 아이들 교육을 위해 미국으로 진출한 중국과 인도 사람들도 오렌지카운티 쪽으로 투자를 많이 늘리고 있다.

마이애미

요즘은 해외 여행을 마치 이웃 동네 놀러가듯 떠나기 때문에 현지 숙소를 구하는 일에 대부분 익숙해 있을 것이다. 그러나 성수기에 해외 현지의 좋은 숙소를 찾는 것은 많은 시간과 고민을 필요로 하는 일이다. 어렵사리 숙소를 잡았다고 해도 성수기에 일주일 정도 머무르는 비용이면, 비성수기 한 달 정도의 비용과 맞먹는다.

이런저런 상황을 고려하면 해외 휴양지에 투자를 하는 것도 괜찮은 투자의 방향이라고 본다. 그런 생각 끝에 나는 마이애미로 시장조사를 떠났다.

마이애미는 사우스비치, 노스비치, 플로리다비치로 크게 나뉜다. 사우스비치는 호텔과 콘도가 밀집된 지역으로, 쇼핑과 음식점들도 많이 들어서 있다. 노스비치보다 전망도 괜찮은 편이다. 내가 마이애미를 둘러볼 당시만 해도 서브프라임 사태가 지나간 후라 부동산 가격이 30퍼센트 정도 떨어진 상황이었다.

부동산 중개업자와 함께 현장을 살펴보던 나는 사우스비치의 호텔식 레지던스를 하나 발견했다. 지어진 지 20년이 지나 완벽하게 리노베이션한 곳으로, 패리스 힐튼이나 유명 스포츠 선수들이 즐겨 찾을 정도로 전망이 빼어났다. 나는 계약금으로 10퍼센트, 잔금으로 30퍼센트를 지급하고, 나머지 60퍼센트는 부동산 담보 대출을 받아 계약을 마쳤다.

미국에서는 매달 수입이 1만 5000달러 이상이고 크레디트 점수(credit score)가 높은 경우, 일정 규모의 부동산을 구입할 때 90퍼센트까지 융자를 받을 수 있다. 그리고 대출 금액과 상환기간에 큰 제약이 없는 편이다. 나는 무리해서 90퍼센트까지 대출을 받을 필요가 없다고 판단해 60퍼센트 선에서 마무리를 지은 것이다.

하와이

뉴욕이나 LA의 부동산 투자 정보에 비해 하와이 부동산 투자에 대한 정보들은 많이 알려져 있지 않은 편이다. 하와이를 떠올릴 때 거주의 목적보다는 휴양의 목적으로 많이 생각하기 때문이다. 하지만 이건희 삼성 회장을 비롯한 슈퍼 리치들, 페이스북 창업자 마크 저커버그, 오라클 창업자 래리 앨리슨, 델 컴퓨터 창업자 마이클 델, 워런 버핏의 여동생 버티 버핏, KKR 회장인 조지 로버츠 등이 사랑하는 곳이 바로 하와이다.

오늘날 하와이의 핵심 지역은 대부분 일본인들이 차지하고 있다고 봐야 한다. 하와이 전체 인구의 40퍼센트 정도가 일본인이며, 특히 중심지인 와이키키 해변가 상권의 80퍼센트 정도가 일본인들에 의해 돌아간다. 하루에도 엄청난 사람들이 오르내리는 다

이아몬드헤드 산모퉁이의 집들과 와이키키 해변 근처의 호텔, 콘도미니엄, 빌딩, 상점들에서 만나는 일본인들을 보고 있으면 마치 일본에 와 있다는 착각을 할 정도다.

[호놀룰루]

부동산 투자 관점에서 하와이를 구분할 때에는 크게 두 지역으로 나눌 수 있다. 일반적으로 널리 알려져 있는 와이키키 해변이 있는 호놀룰루와 화산으로 유명한 킬라우에아 산이 있는 빅아일랜드다.

우선 호놀룰루의 와이키키는 뉴욕의 피프스 애비뉴, LA의 로데오 거리처럼 호텔과 명품 매장이 즐비한 칼라카우아 거리를 중심으로 상권이 형성되어 있다. 바로 건너편에 위치한 알라모아나에는 알라모아나센터를 중심으로 각종 쇼핑몰과 음식점들이 즐비해 있다.

한때 우리나라의 1세대 재벌들이 제일 먼저 투자를 했던 곳이 바로 하와이기도 하다. 또한 최근에는 미국 최대 부동산 개발회사인 하워드 휴즈 코퍼레이션에서 와이키키 해변에 리조트를 개발하기 위해 준비 중이다. 힐튼, 하얏트, 쉐라톤 등 세계적인 호텔기업들도 와이키키의 노른자 땅에 저마다 호텔을 짓고 와이키키 해변을 관광의 메카, 부자들의 동네로 만들었다. 그런가 하면 와이키키 호텔 앞쪽에는 유닛들이 많이 개발되어 있어 원주민들도 부동산 부자로 거듭나고 있다.

뉴욕이나 LA와 비교해보면 하와이는 부동산 가격이 상당히 높은 편에 속한다. 와이키키는 전 세계인들이 이미 관광의 대명사로 알고 있을 만큼 널리 알려져 있다.

최근 하와이에서 가장 주목을 받고 있는 투자처는 알라모아나와 월드빌리지다. 특히 월드빌리지는 22개의 주상복합형 고급 콘도로 구성된 지역이다. 처음에는 비행기나 배로 옮겨온 물건들을 보관하던 물류창고였지만 최근에는 신도시처럼 부상하고 있다.

카피올라니는 독특한 식당이 많은 곳이다. 1층은 상업용 비즈니스 공간, 2~3층은 사무실로 사용할 수 있는 건물들이 있는데, 4퍼센트 정도 임대 수입을 기대할 수 있는 부동산 투자처. 다른 도시와 비교했을 때 현재 하와이에는 사업을 하는 한국 사람들이 많지 않기 때문에 비즈니스 측면에서 높은 수익을 낼 수 있는 곳으로 추천한다.

[빅아일랜드]

빅아일랜드는 호놀룰루에서 비행기로 한 시간 정도 떨어진 곳에 있는 화산섬이다. 호놀룰루보다 비교적 덜 알려진 곳으로, 크게 코나와 힐로로 나뉜다. 코나는 칼라우에아 화산과 커피로 유명하다. 내가 빅아일랜드를 찾아갔을 때 3주 정도 머물면서 커피를 만드는 농장이나 게스트하우스에 대한 구상을 했었다. 당시 힐로에 머무는 한국인들 중에 게스트하우스를 운영하는 사람들이 있었는데, 그들의 말에 따르면, 현지에 화산을 연구하는 관련 학교도 있고 천문대도 있어서 부동산 투자처로 꽤 괜찮은 아이템이라고 한다.

하지만 한국 사람들이 필요로 하는 마트나 상점이 없고 전통적인 하와이 원주민 스타일의 건물과 돈 많은 백인들의 별장이 있는 곳이라 한국인들이 살기에는 한계가 있다. 작은 부동산의 경우 가격은 적당하나 팔 때 상황까지 고려해 신중하게 구매를 해야 한다.

해외 투자 전에 반드시 알아야 할 것들

　로마에 가면 로마의 법을 따르라는 말이 있듯, 해외 부동산 투자에 관심이 있는 사람이라면 그 나라의 부동산 관련 법을 알아야 하는 것이 당연하다. 특히 미국의 경우 우리나라와는 다른 세법이 적용되기도 하고, 계약을 하는 데 있어 많은 사람들이 관여되어 있기 때문에 자칫 어느 것 하나 소홀히 했다가 큰 비용이 드는 계약을 그르칠 수도 있다. 지금부터는 미국의 부동산을 중심으로 부동산 거래에 필요한 기본적인 정보들을 살펴보도록 한다.

5장

크레디트를 쌓아라

미국은 기본적으로 신용을 중시하는 사회다. 어떤 거래를 하더라도 크레디트(credit)가 있어야 한다. 미국 생활에 필요한 크레디트는 은행에서 계좌를 개설해야 주어진다. 단순한 관광이든 일정 기간 체류할 목적이든 미국에 간다면 가장 먼저 은행에 가서 계좌를 개설할 것을 권한다.

계좌를 개설하려면 주거지를 입증하기 위해서 자신의 이름으로 온 우편물을 제출해야 할 때도 있다. 다음으로는 현금처럼 자유롭게 쓸 수 있는 개인 체크(check)를 발급받아 3개월 정도 잘 관리해 크레디트 실적을 쌓으면 좋다. 3개월 정도 지나면 그동안 쌓은 크레디트를 바탕으로 은행에서 신용카드를 발급받을 수 있다. 즉 100달러 정도의 적은 돈이라 해도 3개월 정도 꾸준히 잘 운용해 은행에 신용을 쌓아두어야 한다.

단, 한국계 은행은 피하는 것이 좋다. 한국계 은행은 수수료도 비쌀 뿐만 아니라 종이 한 장 복사하는 데도 돈을 받는 등 서비스적인 측면에서도 미국계 은행의 서비스와 차이가 난다. 다른 곳은 몰라도 뉴욕에 있는 대부분의 한국계 은행은 단지 한국어 서비스가 가능하다는 이유만으로 대출 이자가 다른 미국계 은행보다 1~1.5퍼센트포인트 정도 더 비싸다. 여러모로 한국계 은행보다 미국계 큰 은행에서 계좌를 개설하는 것이 훨씬 유리하다.

미국이라는 나라가 전 세계에서 찾아온 다양한 국적의 사람들이 어울려 살아가는 곳인 만큼 캘리포니아나 뉴욕의 코리아타운에 위치한 미국계 은행은 한국계 직원의 수가 절반을 넘는다. 만약 언어의 장벽 때문에 도움이 필요하다면 한국계 직원이 있는 은행을 찾아가길 권한다. 또 큰 은행을 이용하면 대출 이자 혜택을 받는 것은 물론, 창구에서 상담을 하는 은행원의 친절도나 서류를 발급받을 때 드는 수수료, 개인 수표책 발급에 따른 수수료 등 여러 가지 면에서 한국계 은행을 이용하는 것보다 나은 서비스를 받을 수 있다.

미국계 은행을 자신의 주거래 은행으로 정해 꾸준히 자산을 관리하면 부동산 매매 시 필요한 신용 대출을 받을 때에도 유리하다. 더불어 외국계 은행, 특히 미국계 은행 직원들이 한국계 직원들보다 미국의 경제 상황이나 미국 시장의 움직임에 대해 상대적으로 좀 더 자세하게 알고 있다는 장점도 있다.

부동산 거래에 도움을 받아야 할 파트너로서 중개업자와의 관계를 잘 유지해야 하는 것만큼 은행과의 관계도 잘 유지해야 한다. 특히 부동산은 대부분 대출을 끼고 사는 경우가 많기 때문에 대출을 담당하고 있는 은행을 내 편으로 만드는 것이 무엇보다 중요하다.

또 미국은 신용을 중시하는 사회인 만큼 장기 체류를 하게 될 경우, 반드시 잊지 말고 챙겨야 할 것이 있다. 바로 소셜 시큐리티 넘버(social security number)다. 우리나라의 주민등록증 같은 개념이다. 소셜 시큐리티 넘버란 미국이라는 메인 컴퓨터에 영원히 남게 되는 나의 개인 기록이라 할 수 있다. 신용도를 중시하는 미국 사회에서 은행 크레디트와 함께 내가 나쁜 짓을 하지 않고 깨끗하고 투명하게 지내고 있다는 것을 공식적으로 증명하는 확인서나 마찬가지다.

따라서 학생 비자로 미국에 들어갔을 경우에도 일단 체류 기간이 3개월을 넘기게 된다면, 소셜 시큐리티 넘버를 만들 준비를 하는 것이 좋다. 9·11 테러 이후로 발급이 어려워졌지만 만들 수만 있다면 꼭 만들어야 할 것이 이 소셜 시큐리티 넘버다.

달러를 준비하라

부동산이 되었든 개인적인 비즈니스가 되었든 미국에 진출하기로 한 이상, 비자만큼 중요한 것이 있다. 바로 달러다. 해외로 나가서 활동할 때 세계 공용 화폐인 달러를 확보하지 않고서는 어떤 비즈니스도 할 수 없다.

최근 베트남, 태국, 싱가포르 등 동남아에서 개발 붐이 일고 있지만, 해외를 상대로 비즈니스를 할 때 필요한 화폐는 다른 무엇보다도 달러다. 달러가 돌아가는 사정을 파악하다 보면 전 세계의 시장이 돌아가는 눈을 넓힐 수도 있다.

　나의 경우 미국에 진출하기 전 IMF를 겪으며 달러를 확보하고 있으면 해외로 진출할 수도 있고, 환율을 활용해 다양한 기회를 엿볼 수 있다는 것을 뼈저리게 배웠다. 달러와 함께 다양한 국가에서 활용할 수 있는 유로화에 관심을 가지는 것도 괜찮다. 가장 중요한 것은 자신이 가진 화폐를 얼마나 다양한 국가에서 활용할 수 있는가다. 또한 달러를 확보하고 있으면 꼭 해외에서 투자를 하거나 비즈니스를 하지 않더라도 환율 동향을 살피며 환차익에 대한 기대도 가질 수 있다.

　무엇보다 달러라는 화폐에 익숙해지면 미국이라는 나라에서 사업을 런칭하는 데에도 익숙해질 수 있다. 요즘은 온라인에서 너무나 쉽게 전 세계 사람들을 상대로 비즈니스를 할 수 있는 시대가 아닌가. 기발한 아이디어만 가지고 뉴욕이나 LA로 진출해 세계를 무대로 비즈니스를 확장시키다 보면 글로벌 기업과 협업을 할 수 있는 기회를 만날 수도 있다. 그렇게 성공을 한 경우도 실제로 늘고 있는 추세다. 그저 매달 받는 월급만으로 월세 내고 남은 돈으로 약간의 여가활동만 하다 다시 또 다음 달 월급을 기다리기만 하는 쳇바퀴 같은 삶을 끝내고 싶지 않은가.

　다시 한번 강조하지만 시장을 조금 더 넓게 보기 위해서는, 그리고 오랜 시간 동안 해외에서 체류를 하기 위해서는 무조건 달러가 있어야 한다. 그리고 내 계좌에 달러가 언제든 확보되어 있다는 자신감만 있으면 해외에서 비즈니스를 하는 데에도, 투자를 하는 데에도 여러모로 도움이 될 것이다.

투자를 잘하면 세금이 면제된다

미국이라는 나라는 투자를 하지 못하게 하는 나라가 아니고 투자를 하도록 적극적으로 유도하는 나라라는 느낌을 많이 받는다. 미국에서는 집을 살 때 받은 대출금의 이자를 대부분 세금 공제해준다. 예를 들어 내가 가진 100만 달러에 400만 달러 대출을 받아 건물을 샀다면, 대출금 400만 달러에 대한 12개월의 이자와 그 외 각종 세금을 계산해서 1년에 두 번 IRS(국세청)에서 환급해주는데, 금액이 꽤 크다. 이러한 세금 면제제도는 신용을 잘 쌓으면 누구나 활용할 수 있다. 이런 제도가 있는 것을 모르는 사람들이 많아서 나는 내게 투자에 대해 묻는 사람들에게 끊임없이 대출을 강조한다.

Tip

미국에서 크레디트 쌓기

1 체크카드 발급(Secured Credit Card)

처음에는 한국의 체크카드와 유사한 시큐어드 크레디트 카드라는 카드를 은행에서 발급받고 해당 은행의 계좌에 일정 금액을 예치시켜놓은 상태에서 신용카드처럼 사용한다. 은행에서 인정하는 기간 동안 한도 초과나 연체 없이 사용한다면, 은행에서 정식 신용카드를 발급받을 수 있다.

2 가족의 신용 공유(Authorized User)

만약 가족 중에 미국에서의 신용이 좋은 카드를 갖고 있다면, 해당 가족의 명의 밑에 함께 등록해 신용을 공유하는 방법이 있다.

미국에서 크레디트 관리하기

1 지불기록을 잘 관리한다. 무엇보다 연체는 절대 금물이다(Payment History).
2 자신의 신용 한도 내에서만 사용한다(Utilization).
3 크레디트를 쌓는 기간을 최대한 길게 한다(Established History).
4 크레디트 조회 기록을 최소한으로 한다(Inquiries).
5 다양한 신용 상품을 활용하고 신용카드 사용 실적이 많을수록 좋다(Mix of Credit).
6 자동차 구입도 현금보다는 할부를 선택하면 신용점수를 높이는 데 도움이 된다.

부동산 거래에 필요한 이해관계자들

　미국에선 부동산 거래를 하는 데 있어서 우리를 도와주는 이해관계자들이 있다. 크게 브로커라고 불리는 부동산 중개업자, 건물을 관리해주는 관리회사, 거래를 진행하는 변호사나 에스크로 회사로 나눌 수 있다.

　미국 부동산에 투자하기로 결정했다면 자신이 살 곳이나 렌트할 곳을 미리 정해놓고서 브로커를 잘 선택해야 한다.

　또 미국은 주마다 법률이 달라서 변호사나 에스크로 회사를 통해 거래가 이루어진다. 이런 절차가 필요한 이유는 미국 내에서는 부동산 거래의 당사자들이 직접 거래하는 것을 금지하고 있기 때문이다. 우리나라에서는 거래 당사자들이 직접 만나 거래를 하는 경우도 있지만, 우리나라도 대체로 공인중개사라는 중개업자를 대동하는 경우가 많으니 비교하면 좋을 것이다.

사람들이 내게 주로 묻는 질문들도 대체로 미국에서 부동산 계약을 할 때 어떤 절차를 거치는지에 대한 것들이다. 미국 부동산의 계약 절차는 처음에 자신이 선정한 지역에 대해 브로커와 상의를 하고, 그가 찾아준 부동산을 살펴본 후 거래 검토를 하는 순으로 진행된다. 이 과정에서는 집의 관리 상태, 건물의 상태 등을 꼼꼼하게 체크하고 지역의 분위기와 주변 주민들의 수준, 지역 인프라 등을 함께 살펴봐야 한다.

나를 대신해 계약을 진행하는 변호사와 에스크로 회사

미국과 한국에서 부동산 거래를 하다 보면 두 나라의 법률적 차이와 문화적 차이를 동시에 느낄 수 있다. 뉴욕에서는 반드시 변호사를 선임해야 하고, LA나 하와이에서는 에스크로 회사를 반드시 끼고 거래를 해야 한다. 변호사 비용은 1500~2000달러, 에스크로 비용은 2000~2500달러 정도다. 변호사든 에스크로 회사든 전문가들이 부동산 거래에 따른 서류를 검토하고 잔금을 치를 때까지 거래 당사자의 자산을 관리해주므로 안정된 거래를 할 수 있다.

부동산을 매입할 때 변호사나 에스크로 회사는 집에 문제가 없는지 조사하는 것을 시작으로 부동산 계약에 필요한 서류들을 준비하는 역할을 한다. 부동산 계약에 필요한 비용을 한국에서 부친다고 했을 때, 에스크로 같은 경우에는 우선적으로 부동산 계약과 관련된 서류들을 제출하고 거래 대금을 예치해놓는다.

쉽게 생각하면 부동산을 파는 사람과 사는 사람 사이에서 거래가 이루어지는 동안 거래 대금을 대신 맡아주는 기관인 것이다. 당사자들 간에 서류 사인이 완료되고 거래가 종료된 후에 안전하게 대금이 지급되는 방식이다. 시세 차익으로 발생한 돈이 있다고 해도 바로 현금으로 받는 것이 아니다.

LA의 경우 부동산 대금이 에스크로 회사 계좌로 들어가고, 부동산 거래 시 발생하는 금전적인 일은 모두 에스크로 회사에서 처리한다. 100만 달러짜리 부동산을 거래할 때 10퍼센트의 계약금을 지불할 경우에도 거래 당사자가 직접 받아서 계약금을 지불하는 것이 아니라, 에스크로 회사가 체크를 받아서 지불한다. 2~3개월 후 잔금을 치를 때까지 에스크로 회사의 통장에 나머지 90만 달러가 들어가 있는 것이다.

미국에서 부동산 거래를 하는 데 있어서 또 한 가지 좋은 점은 부동산을 사고 나서도 2주일의 여유 시간이 있다는 것이다. 만약 집을 산 사람의 마음이 바뀌어 계약서에 사인을 하지 않아도 계약금을 돌려받지 못하는 일이 없다. 그만큼 계약을 바꿀 수 있는 기회를 주기 때문에 좋은 부동산을 살 수 있는 시간적 여유가 생긴다. 반면 한국에서 부동산 거래를 할 때에는 부동산을 산 사람이 판매자에게 직접 돈을 보내야 한다. 또 부동산 계약을 하면 바로 취소를 하더라도 계약금을 돌려받지 못하는 경우가 많다.

나의 부동산을 관리해주는 브로커

변호사들이나 에스크로 회사들은 일반적으로 브로커를 통해 소개를 받는다. 쉽게 생각하면 내 부동산 거래를 위해 에이전트를 두는 것이라고 보면 된다. 브로커는 주로 부동산 계약을 할 때 좋은 물건인지와 믿을 만한 물건인지를 전문적으로 판단으로 하고, 거래에 필요한 변호사를 소개하거나 거래 후 건물을 관리해줄 회사를 소개하는 일을 한다.

브로커들은 계약이 성사될 경우 거래 금액의 5~6퍼센트 정도의 수수료를 받는다. 이런 브로커들은 한두 건의 부동산 거래를 관리해주는 데는 용이하지만, 임대용 유닛이 수십 개나 되는 부동산을 관리할 때에는 관리회사를 따로 두는 것이 훨씬 유리하다.

예를 들어 맨해튼이나 LA 같은 곳에 수십 채의 유닛을 보유하고 있다고 생각해보자. 이때 관리회사는 각 세대의 시설 보수나 렌탈 비용 지불에 따른 문제들이 발생할 때, 나를 대신해 각 세대에 통지를 하고 나에게 보고하는 역할을 한다. 물론 미국의 경우 임대를 하려는 사람들의 크레디트 조사를 사전에 하기 때문에 그들이 어떤 집에서 살았었고, 어떤 회사를 다니며 얼마를 벌고 있는지 등의 정보를 서로 알 수 있어 임대인과 임차인 사이에 큰 트러블이 발생하는 경우가 드물다.

또 부동산을 살 때는 물론이고 팔 때도 브로커의 역할이 매우 중요하다. 미국에서는 부동산을 팔 경우 내부를 모두 비우고 마치 모델하우스를 방불케 하는 연출을 한다. 물론 그에 따른 비용은 집주인이 지불한다. 그리고 나서 브로커와 거래 계약을 맺는다.

보통 판매 기간은 3~6개월가량 소요되며, 만약 그 사이에 다른 브로커와 계약을 또 맺으면 계약 위반으로 거래가 성사되지 않는다. 집주인이 살고 있거나 이전 세입자가 거주를 하고 있는 상황에서 새로 집을 구입하는 사람이나 새로운 세입자가 집을 보러 오는 우리 문화와는 사뭇 다른 풍경이다.

해외 부동산 거래에 필요한 용어들

▶ **에이전트(agent):** 부동산 중개업자

▶ **브로커(broker):** 부동산 중개업자 및 부동산 협상 관계자

▶ **모기지(mortgage):** 부동산을 담보로 금융 거래 시에 해당 부동산에 설정되는 저당 권이나 저당권을 나타내는 증서

▶ **클로징(closing):** 부동산 거래의 최종단계. 매매가 종결되면 부동산의 소유권이 부동 산을 구매한 사람에게 완전히 이전되며, 법적 효력도 함께 발생한다. 융자금이 지급 되고, 거래에 따른 비용들이 모두 정산되는 단계를 말한다.

▶ **클로징 코스트(closing cost):** 부동산 구매 금액의 2~3퍼센트 정도로 책정되는 비 용. 수수료, 신용조회 비용, 융자 종료 후 해당 월말까지의 이자, 집 보험, 집문서에 대 한 보험, 재산세, 등기 이전비 등을 포함한다.

▶ **디포짓(deposit):** 선불금 또는 예치금. 부동산을 사려는 사람이 팔려는 사람에게 매 입 의사가 있음을 보여주며 지불하는 비용으로, 한 달 치 계약금을 먼저 내는 것이다.

▶ **에스크로(escrow):** 판매 당사자들이 아닌 제3자가 위탁을 받아 매매가 끝날 때까지 부동산 정보에 관한 서류, 융자에 관한 서류 등 부동산 매매에 필요한 서류와 비용 등 을 관리 및 보관하는 제도 및 관련 업무를 진행하는 회사를 말한다.

▶ **감정사(producer):** 대출 은행이 주택가격을 산정하기 위해 보내는 사람. 집 상태, 최 근 6개월간 인근 매물 판매가로 주택 가치 평가. 이 금액을 기반으로 대출이 결정된다.

▶ **타이틀(title):** 일종의 등기부등본. 클로징 시 변호사가 전문 타이틀 서치 회사에 의뢰 해서 내용을 열람하고 소유권을 이전시킨다.

해외 부동산 거래에 필요한 서류

1 **구매계약서(purchase contract)**
2 **집주인임을 확인할 수 있는 집 계약서:** 집 등기에 집주인의 이름이 나와 있는 서류(계 약자와 이름이 같아야 함)
3 **에스크로 송금 정보:** 에스크로 회사에 송금을 하기 위한 정보
4 **은행 이름과 계좌번호 그리고 에스크로 번호(wire instruction)**
5 **부동산 감정 서류 또는 부동산 매물 중개 서비스(MLS, Multiple Listing Service)에 있는 확인서**

한국과 다른
미국의 주거 형태

　우리나라에서 아파트라고 부르는 부동산의 형태를 미국에서도 찾으면 곤란하다. 그들이 생각하는 아파트, 콘도미니엄, 빌라와 우리가 생각하는 그것은 엄연히 다른 형태의 부동산이기 때문이다. 우리나라의 주거 형태에 대한 고정관념을 현지의 부동산에 그대로 대입하는 실수는 없어야 한다.

　자칫 잘못된 사전 정보로 인해 현지의 중개업자와 유선상으로만 거래를 진행하다 거래가 실패로 돌아갈 수도 있다. 특히 뉴욕 맨해튼에는 단독주택이 없다고 보면 된다. 뉴욕을 대표하는 부동산의 종류로는 아파트, 공동주택을 의미하는 코업, 흔히 말하는 콘도미니엄을 의미하는 콘도, 이렇게 세 가지 형태의 부동산이 있다.

화려한 도시에 숨겨진 오래된 공간, 아파트

보통 아파트라고 하면 우리나라의 대단지 아파트를 떠올리기 쉽다. 한국의 아파트는 똑같은 평수와 외관을 가지고 같은 브랜드로 묶인 하나의 단지가 작은 마을을 이루고 있다. 먼저 한국의 아파트를 떠올리고 뉴욕의 아파트도 살기 좋고 깨끗할 거라고 생각하면 깜짝 놀랄 것이다.

뉴욕의 일반적인 아파트들은 몇 가지 공통된 특징을 가지고 있다. 우선 얼핏 봐도 지은 지 100년은 넘어 보일 정도로 낡았다. 또 아파트를 관리하는 사무실이 있는지 의심이 될 정도로 관리가 잘되어 있지 않다. 심지어 집 안에서 온갖 벌레들이 출몰하고 벽과 벽 사이가 낡아 쥐들과 동거동락하는 것이 일상적이다. 웬만한 강심장이 아니고서는 뉴욕의 아파트에서 생활하는 것이 쉽지 않을 것이다.

뉴욕의 생활을 다룬 영화나 미드에서 범죄의 소굴로 그려지는 바로 그곳이 뉴욕의 아파트다. 우리 식으로 따지자면 오래전에 지어진 연립주택과 같은 건물이라고 보면 된다. 특히 맨해튼의 아파트들은 영세 건축업자들이 지어서 하자가 많고 지속적인 관리가 되지 않는 연립주택처럼 상태가 엉망인 곳이 태반이다. 물론 렌트비가 비싼 좋은 아파트도 있지만 일반적으로는 이러하다.

우리나라라면 낡은 아파트의 낡은 시설을 고치기 위해 관리사무실과 연결되어 있는 설비업체를 부르거나 개별적으로 보수업자를 부르면 그만이다. 하지만 뉴욕의 경우 사정이 다르다. 무엇보다 살인적인 인건비 때문에 집 안의 한 부분을 고치기 위해 200~300달러를 기본적으로 쓰게 된다. 또 한 가지 우리나라와 크게 다른 점은 미국의 아파트는 렌트만 가능하는 점이다.

주민들의 동의를 얻어야 살 수 있는 집, 코업

유닛 하나하나를 매매하는 것이 아니라 건물 전체의 지분을 매매하는 주거용 건물이다. 입주조건을 갖춘 사람들이 임대로 들어가 살다가 일정 기간이 지나면 매매가 가능한 형태다. 미국의 코업은 크게 두 가지 종류가 있다. 우선, 큰 평수에 비교적 관리도 잘 되어 있고, 처음부터 비싼 가격으로 시장에 나오는 주택이 있다.

다른 하나는 원베드룸이나 스튜디오 같은 규모의 비교적 작은 사이즈의 주택이다. 대체로 작은 사이즈의 코업은 큰 사이즈에 비해 상대적으로 관리가 취약하다는 단점이 있지만, 아파트에 비하면 양반인 셈이다.

　뉴욕의 코업은 독특한 심사제도를 갖고 있다. 코업을 임대하거나 매매하려고 할 때 주변에 함께 살고 있는 10여 명의 입주민들로 이루어진 심사단의 심사를 받아야 한다는 점이다. 만약 심사단에서 거부 의사가 있다면 아무리 돈을 많이 가지고 있어도 입주가 불가능하다. 미국 최고 인기 가수 마돈나도 센트럴파크 앞의 전통 있는 코업을 사려고 했으나 코업 심사단의 반대로 오랜 기다림 끝에 살 수 있었다. 그 정도로 팔 때도 살 때도 까다로운 게 코업이며, 대출도 잘 받을 수 없다.

　이런 독특한 제도 때문에 코업은 거래 자체가 쉽지 않다. 게다가 심사단이 매매뿐만 아니라 임대를 할 때에도 사사건건 관여를 한다. 내 집을 내 계획과 의지에 따라 마음대로 거래할 수 없고 이웃 주민들에게 동의를 받아야 한다니 우리 입장에서는 쉽게 이해할 수 없는 제도이기도 하다.

　단, 같은 크기의 콘도와 비교했을 때, 코업은 비록 건물은 낡았어도 상대적으로 세금이 싸고, 30퍼센트 정도 저렴한 가격에 매매가 가능하다. 게다가 오래된 집인 만큼 맨해튼의 코업 같은 경우는 입지가 최상인 곳에 위치해 편하게 다닐 수 있으며 관리 또한 잘되어 있다. 만약 소득을 증명할 수 있고, 신용이 좋아 코업에 들어갈 수 있는 자격을 얻을 수 있다면 뉴욕에서는 아파트보다 코업을 사라고 권하고 싶다.

통상적으로 현금과 대출의 비율을 50:50의 수준으로 올려서 입주민 심사단의 심사만 통과할 수 있다면 코업을 구입하는 편이 훨씬 유리할지 모른다. 코업이 투자 대상으로 가치가 있는 또 하나의 이유는, 콘도와 함께 가격이 오른다는 것이다. 또 같은 크기의 집을 콘도보다 30~35퍼센트 정도 저렴하게 구입할 수 있다는 장점이 있다. 부동산 경기에 따라 가격이 조금씩 오른다는 점도 무시할 수 없다.

혹시 아이들과 함께 뉴욕에 장기간 머물며 아이들을 대학까지 보낼 계획이라면 코업을 구입해서 사는 편이 훨씬 이득일 수 있다. 최소 5~6년 동안 맨해튼의 스튜디오나 원베드룸을 빌릴 경우 임대료가 평균 4000달러임을 감안하면, 임대료로 나갈 돈을 모아 코업에 투자하는 것도 나쁘지 않은 선택이다. 더구나 코업은 아파트와 달리 나중에 가격이 오르면 집을 팔 수 있다는 이점도 있다.

뉴욕에 가장 어울리는 고급 주택, 콘도

콘도는 트럼프플레이스처럼 민간 부동산 개발업자가 분양하는 자유 분양 아파트라고 보면 된다. 트럼프 같은 기업가들이 분양을 하는 것인 만큼 대체로 브랜드 가치가 떨어지지 않도록 관리를 잘

하고 있는 곳들이 많다.

　뿐만 아니라 경비 시설이나 안전을 고려한 시스템들이 잘 갖춰져 있어, 뉴욕에서 가장 좋은 환경에서 살 수 있는 주택의 형태다. 물론 그만큼 값이 비싸긴 하지만, 주거환경이나 각 단지가 가지는 브랜드 가치가 높아 항상 거래가 활발하게 이루어진다는 장점이 있다.

　콘도와 코업의 가격을 단순하게 비교해서 같은 크기의 코업이 50만~60만 달러 수준이라면 콘도는 90만 달러 수준에서 가격이 형성된다. 앞서도 말했지만 콘도는 대부분 새 건물이며 추가적인 인테리어 비용이 들지 않고 생활을 위한 제반 시설들이 잘 갖춰져 있어, 분양이 끝나고 입주를 시작할 즈음이면 처음의 분양가에서 20~30퍼센트 정도 오른다고 보면 된다. 특히 맨해튼의 허드슨강을 끼고 있는 리버사이드 쪽의 콘도들이 위치적으로 좋은 콘도에 속한다.

　콘도에 대해 한 가지 덧붙이자면, 신축 콘도가 아닌 리모델링 콘도의 경우 리모델링을 하는 건설회사에서 자신들과 제휴하고 있는 특정 부동산 중개업자들에게 퍼스트 프라이스(first price), 즉 가격이 오르기 전 최초의 거래 가격으로 분양하는 콘도들이 있다. 만약 신축으로 지어진 콘도가 부담스럽게 느껴진다면 건설회사와 부동산 중개업자들이 연계되어 있는 리모델링 콘도도 추천할 만하다.

이때 건설회사가 자신들과 제휴를 맺고 있는 부동산 중개업자들에게 주는 최초 분양가는 3개월 후 거의 5퍼센트 정도 오른다. 그리고 6개월이 지나면 5퍼센트 오른 가격에서 다시 10퍼센트 정도 오르는 것이 일반적이다. 예를 들어 리모델링 기간이 1년 4개월이라면, 최초 분양가에서 최소한 15퍼센트 정도 오른 가격에 분양되는 것이다. 물론 어느 건설회사가 어느 부동산 중개업자들과 제휴하고 있는지에 대한 정보를 미리 알아두어야 한다.

주식과 마찬가지로 부동산 투자에 있어서도 좋은 정보를 얼마나 정확하게 많이 알고 있는지가 중요하다. 확실하고 좋은 정보를 가지고 있더라도 더욱 중요한 것은 남들보다 빠르게 움직이는 결단력이다.

부동산 거래에 따른
수수료와 세금

    정말 꿈에 그리던 내 집을 찾아 계약서에 사인을 하고 잔금을 치르는 순간만큼 설레는 순간이 있을까. 천신만고 끝에 교통도 편리하고 생활하기에도 더 없이 좋은 집을 찾았을 때의 기쁨과 앞으로의 미래가 펼쳐지는 듯한 기분에 계약서를 부여잡고 만세라도 외치고 싶은 심정일 것이다.

    하지만, 그런 기쁨을 누릴 새도 없이 우리는 세금 납부라는 의무를 지게 된다. 부동산 거래에 드는 중개수수료는 물론이고, 부동산을 보유한 이후에 납부해야 하는 취등록세, 보유세(재산세), 양도세 등이 기다리고 있다는 것을 명심해야 한다. 특히 우리나라와 미국의 부동산 관련 세금은 약간 상이하므로, 그 차이점을 잘 이해하고 대비해야 한다.

가장 근본적인 차이점은 투자 정책의 방향이다. 미국은 투자를 장려하기 때문에 투자자에게 유리한 제도들이 있다고 생각하면 이해가 빠를 것이다. 어떤 정책이든 투자에 따른 세금 납부는 소홀히 하거나 피해갈 수 없는 의무사항이므로 이번 기회에 잘 알아두도록 하자.

중개업자에게 주는 중개수수료

우선, 한국에서 부동산을 사거나 팔 때에는 양쪽 모두 중개수수료가 발생한다. 쉽게 말해 집주인도 중개업자에게 중개수수료를 지불하고, 매입자도 중개업자에게 중개수수료를 지불한다. 중개수수료는 거래금액에 따라 조금씩 다르다. 대체적으로 주택의 경우에는 거래금액의 0.4~0.6퍼센트다. 오피스텔의 경우에는 0.5퍼센트로 고정되어 있다. 매매나 교환이 아닌 임대차 거래의 경우에는 0.3~0.5퍼센트다.

미국에서 부동산을 거래할 때에는 어떤 지역이든 상관없이 파는 사람만 5~6퍼센트의 수수료를 지불한다. 부동산을 사는 사람은 중개수수료를 지불하지 않는다.

취등록세

한국에서 상가나 오피스텔, 리조트를 살 때에는 5퍼센트, 주택이나 아파트를 살 때에는 3퍼센트의 취등록세를 내야 한다. 특히 취등록세, 중개수수료, 종합부동산세(금액이 높을 경우) 등 부동산 거래에 따른 비용이 많은 편이다.

반면 미국에서는 부동산 투자를 장려하는 분위기여서 취등록세를 내지 않는다.

보유세

보유세 또는 재산세는 자신이 소유하고 있는 재산에 대해 부과하는 세금을 말한다. 주택이나 토지를 갖고 있거나 건축물, 항공기, 선박을 갖고 있어도 재산세를 내야 한다. 보통 주택은 과세표준을 기준으로 0.1~0.4퍼센트 사이에서 재산세를 내야 한다. 미국의 경우에는 주마다 세율이 다르게 적용된다.

내가 주로 거주했던 뉴욕, LA, 하와이를 기준으로 이야기하자면, LA에서는 1.25퍼센트의 재산세를 내야 한다. 하와이에서는 100만 달러 이하일 때 0.5~0.6퍼센트, 이주 서류 제출 시에는 0.4퍼센트의 세금을 내야 한다.

뉴욕 맨해튼의 경우에는 조금 다른 방식으로 재산세를 적용한다. 100만 달러까지 3퍼센트의 재산세를 내고 100만 달러 이상이면 조금 더 납부해야 한다. 아주 오래된 건물일 경우에는 2퍼센트, 좋은 입지에 있는 건물일 경우에는 4퍼센트의 재산세를 내기도 한다.

이는 맨해튼의 낙후된 지역을 활성화시키기 위해 투자자들에게 혜택을 주는 것이다. 또 새로 분양하는 콘도의 경우에는 세율이 0퍼센트에서 시작한다. 예를 들어 1년 미만인 경우에는 재산세가 없고, 2년째부터 0.5퍼센트의 재산세가 발생하는 것이다. 해마다 조금씩 올라 10년째에는 4퍼센트까지 오른다.

양도세

양도세는 부동산을 양도할 때 발생하는 소득에 대해 부과하는 세금을 말한다. 이때 소득이 많으면 세금을 많이 내고 소득이 적으면 세금을 적게 내는 누진세로 적용이 된다.

한국에서는 집을 양도하면 무조건 양도세를 내야 한다. 양도세도 과세표준을 기준으로 부과하는데, 1가구 1주택자가 2년 이상 집을 보유하고 있다가 팔 경우에는 양도소득세를 납부하지 않는다. 단, 비과세는 9억 원까지고, 이를 초과하는 부분에 대해 세금을 낸다.

미국에서는 상가든 집이든 차액을 많이 남기는 매매를 하게 되었을 때, 그 금액보다 조금이라도 더 높은 부동산에 재투자할 경우 양도세를 이연해주는 세법이 존재한다. 또 거주용 부동산인 경우 2년 이상 거주하면 양도세를 면제해준다.

국내에서 해외 부동산에 투자할 경우

국내에 거주하는 사람은 5년 이상 국내에 주소 또는 거소를 두고 있는 것을 기준으로 구분한다. 예를 들어 미국의 영주권이나 시민권이 없고 국내에서 거주하고 있는 대다수의 사람들이라고 생각하면 된다. 국내나 해외에서 발생한 소득에 대해서는 모두 납세의 의무가 있다.

또 만약 해외 현지의 법에 따라 세금을 납부했다면, 국내에 납부할 세금에서 공제를 받거나 필요 경비로 산입할 수 있다. 국내에 보유한 부동산은 부가가치세, 종합소득세를 납부하지만, 해외부동산은 종합소득세 확정신고 기간에 해외 발생 임대 소득과 다른 소득을 합산해 신고한다. 2억 원 이상인 경우 명세서를 제출해야 하며, 제출하지 않으면 취득가액, 임대 소득의 10퍼센트를 과태료로 납부해야 한다. 다만, 재산세와 종합부동산세는 국내 보유 부동산에 해당하므로 해외 부동산 보유분에 대해서는 납부하지 않는다.

해외에서 해외 부동산에 투자할 경우

미국의 영주권이나 시민권이 있을 경우에는 미국의 세법을 기준으로 생각하면 된다. 미국에서 부동산을 거래해 양도소득이 발생하면 최고 15퍼센트의 양도소득세를 부과한다. 1년 미만 주택을 보유하고 있다면, 일반소득세에 합산해 과세한다. 1년 이상 보유할 경우에는 최고 15퍼센트까지 과세한다. 2년 이상 보유할 경우에는 양도소득액에 따라 달라지는데, 개인의 경우 25만 달러, 부부일 경우 50만 달러 미만이면 과세하지 않는다.

만약 부동산을 처분하고 6개월 이내에 새로운 부동산을 구입할 때 이전 부동산보다 비싼 부동산을 산다면 세금이 면제된다.

또 주마다 세법이 달라 주의해야 한다. 예를 들어 100만 달러짜리 집을 거래할 경우를 생각해보자. 뉴욕에서는 2퍼센트의 세금,

즉 2만 달러 정도의 세금을 내야 한다. 만약 새 건물이라면 3퍼센트까지 내야 하는 경우도 있다. LA의 경우에는 100만 달러짜리 집이라면 1.25퍼센트의 세금, 즉 1만 2500달러를 내야 한다. 하와이의 경우에는 뉴욕이나 LA보다 낮은 0.6퍼센트를 적용해 6000달러의 세금을 내야 한다.

Tip 　　　　부동산 거래 시 발생하는 비용 예시

[살 때]

1 재산세: 주마다 세율이 다르며, 1년에 2번 나누어 납입한다. 세금 납부 용지는 10월 무렵에 발송되며 12월 10일, 2월 10일까지 나누어 낸다.

2 취등록세: 없음

3 에스크로/변호사 비용

4 등기 비용: 200~350달러(100만 달러짜리 집을 현찰로 살 경우)

5 감정 비용: 250달러

[팔 때]

1 5~6퍼센트의 중개수수료

2 감정 평가서에 따른 수리 비용

뉴요커도 모르는
뉴욕 부동산 투자 법칙

돌이켜 생각해보면, 뉴욕에서의 생활은 내 인생에서 가장 큰 전환점이었다. 나는 세계의 모든 장사꾼들이 도전하고 싶어 하는 뉴욕, 그중에서도 비즈니스의 정글이라 불리는 맨해튼의 브로드웨이 도매시장에서 8년이 넘는 기간 동안 비즈니스를 하며 발로 뛰어다니는 '악바리 방미' '악질 방미'로 살았다.

그 덕분에 해외 비즈니스에 대한 노하우뿐만 아니라 해외 부동산이라는 세계로 도약할 수 있었다. 누구든 마음만 독하게 먹는다면 어떤 비즈니스 세계든, 어떤 나라든 기회는 열려 있다.

내가 경험했던 뉴욕은 다른 어떤 곳보다도 차가운 도시였다. 비즈니스 관계에서는 피도 눈물도 없었다. 뉴욕은 마치 외로움과 고독함을 즐기며 사는 법을 가르쳐준 까칠한 스승과도 같은 존재였다. 하지만 그만큼 방미라는 사람을 강인한 인간으로 만들어주었다.

누구 하나 의지할 곳 없던 뉴욕에서 힘들고 치열하게 싸워 부와 성공을 이룬 나는 어느덧 뉴욕 사람들도 쉽게 알 수 없는 일상생활의 팁부터 부동산 중개업자들도 쥐락펴락할 수 있는 노하우를 갖춘 깡순이로 변모해 있었다.

아무도 알려주지 않는 뉴욕 부동산 이야기

미국 뉴욕과 한국 서울에서 모두 부동산 투자를 경험해본 바로는 두 나라는 떨어진 거리만큼이나 서로 다른 방식으로 거래를 한다. 한국에서 부동산 매매를 할 경우에는 부동산을 사고자 하는 사람, 임대를 할 경우에는 임대인과 임차인, 그리고 공인중개사 한 명만 있으면 거래가 이루어진다.

부동산 중개료를 줄이기 위해 사는 사람과 파는 사람, 임차인과 임대인이 공인중개사를 거치지 않고 서로 만나 직접 계약서를 작성하고 거래를 하는 경우도 있다. 하지만 뉴욕에서는 상상도 할 수 없는 일이다. 간단하게 뉴욕에서 부동산 거래를 할 경우에 알아두어야 할 법칙을 정리해본다.

첫째, 부동산 거래 시, 뉴욕에서는 부동산을 사는 사람은 중개수수료를 내지 않는다.

우리나라의 경우에는 공인중개사가 중간에서 부동산을 파는 사람과 사는 사람 모두에게 중개수수료를 받는다. 하지만 미국에서는 부동산을 파는 사람이나 임대를 주는 사람이 중개수수료를 모두 지불한다.

둘째, 미국의 부동산 중개업자들은 자신이 담당하는 전문 분야가 정해져 있다.

콘도와 아파트 등 주거용 부동산 전문 중개업자들과 상가 건물 전문 중개업자가 각각 존재한다. 부동산의 형태별로 중개업자가 있는 만큼 중개수수료에서도 차이가 있다. 콘도나 아파트 등 주거용 부동산은 6퍼센트, 상가 부동산은 8퍼센트가 정부에서 정한 공식적인 중개수수료다.

또 하나, 다른 곳들도 마찬가지지만 뉴욕의 부동산 중개업자들은 대부분 여러 명의 중개업자들이 제휴해 일하는 경우가 많다. 내가 처음 뉴욕에서 상가 건물을 사기 위해 돌아다녔을 때 나를 도와주던 중개업자도 네 명의 다른 유태인 부동산 중개업자들과 함께 일하고 있었다.

셋째, 뉴욕은 유태인들이 대부분의 부동산을 소유하고 있다.
부동산 중개업자 또한 유태인들이 절대적으로 많다.

넷째, 에누리가 가능하다.
절대로 에누리가 없을 것 같은 미국에서도 매매가의 10퍼센트 정도는 깎을 수 있다.

다섯째, 뉴욕에서도 부동산 투자 시 은행 대출을 많이 활용한다.
대체로 부동산을 매매할 때 40퍼센트 정도를 현금으로 마련하고, 나머지 60퍼센트 정도를 은행에서 대출을 받을 수 있다.

여섯째, 〈뉴욕타임스〉 주말판 광고면에서 중개업자들이 관리하는 부동산 매물 광고들을 쉽게 찾을 수 있다.
처음 뉴욕에 가서 부동산 정보를 얻는 데 어려움을 느낀다면 일차적으로 정보를 얻을 수 있는 곳이다.

일곱째, 미국은 부동산 투자를 장려하기 위해 많은 세금 혜택을 제공한다.

미국의 부동산 '1031 교환' 세법에 따라 부동산 매각 후 매각 금액보다 높은 금액의 부동산에 재투자할 경우 양도세를 이연해준다. 이때 180일 내로 거래를 완료해야 하며, 하루라도 늦어지면 양도세를 지불해야 한다. 주거용 부동산인 경우에는 2년 이상 살았다면 양도세가 부과되지 않는다.

여덟째, 뉴욕에서 새로 분양하는 콘도를 사려면 10퍼센트의 계약금을 내야 한다.

상가도 마찬가지다. 중도금은 없고 콘도가 완성되면 잔금을 지불한 후에 입주할 수 있다. 단, 콘도가 완성되고 3개월 내에 잔금을 지불하지 못하면 10퍼센트의 계약금을 날리는 것은 물론, 입주자격도 상실한다.

아홉째, 부동산 잔금을 치르는 날 드는 비용이 꽤 된다.

우리나라에서는 집을 살 때 매도인과 매수인, 부동산 중개업자만이 배석한다.

반면 뉴욕에서 부동산을 거래할 때에는 관계자가 조금 많아진다. 분양을 할 경우 분양받는 쪽에서는 최소한 사고자 하는 사람, 변호사, 브로커, 대출 매니저가 배석한다. 분양하는 쪽에서는 분양 담당 변호사와 분양하는 건물의 매니저, 회계사가 배석한다.

기본적으로 이해관계자가 모두 배석해야 계약이 성립된다. 즉, 이날 발생하는 경비가 생각보다 많다는 뜻이다.

열째, 뉴욕에서 유명한 콘도를 거래할 경우에는 타이틀 서치(title search)라는 브랜드 비용을 따로 내야 한다.

뉴욕에서 트럼프플레이스를 살 때 나도 일종의 등기부등본상 소유권 이전을 위해서 타이틀 서치, 즉 브랜드 비용으로 1만 4000달러를 별도로 지불했었다. 당시 계약을 하는 날까지 아무도 타이틀 서치 비용에 대한 이야기를 내게 해주지 않았다. 당장 1만 4000달러라는 큰돈을 마련하지 못했던 나는 어쩔 수 없이 일주일 뒤 다시 모두 모인 자리에서 잔금을 치러야 했다. 알다시피 미국은 인건비가 매우 센 나라다. 더욱이 부동산 거래를 위해 거래 당사자들이 모두 모인 자리를 한 번 더 마련해야 했으니 인건비가 두 배로 나간 것은 당연지사다. 그 덕분에 내가 예상했던 초기 비용에서 인건비가 1000달러 추가되었다.

열한째, 경비를 무시하지 마라.

잔금을 치르는 날에 필요한 경비를 대충만 따져도 대출 근저당 설정비(대략 몇천 달러), 타이틀 서치비(1만 4000달러), 대출 매니저 인건비(1200달러), 변호사 인건비(2000달러) 정도가 든다.

그 밖에도 뉴욕에서 부동산 거래를 할 때 주의해야 할 것들이 있다. 우선 외국인 입장이기 때문에 항상 금리와 환율, 현지 부동산 사이클에 대해서 촉각을 곤두세우고 있어야 한다. 뉴욕뿐만 아니라 외국에서 투자를 하려는 사람이라면 환율 변동에 늘 관심을 기울이고 있어야 한다. 대출 이자라는 문제가 걸려 있기 때문이다.

뉴욕에 있는 건물에 투자를 하든, 중국에 있는 땅에 투자를 하든, 해외에 있는 부동산을 사고자 할 때, 대출을 끼고 거래를 하는 부동산 투자라면 환율 변동에 굉장히 밝아야 한다. 마찬가지로 부동산 매매가가 10~15퍼센트 정도 반등했다고 해서 마음을 놓는 것은 금물이다. 앞서 부동산 거래에 소요되는 실제 경비들을 제외하고 나면 투자비를 겨우 건지는 수준이거나 오히려 손해를 보는 경우도 있을 수 있기 때문이다.

또 해외 부동산 경기가 좋다고 해서 오른 값에 사고 오른 값에 팔 생각은 하지 않는 것이 좋다. 내가 생각하는 가장 이상적인 부동산 투자 시기는 경기 사이클이 대체로 둔화 추세를 보이는 가운데 부동산 가격이 20퍼센트 정도 떨어진 때다.

이와는 반대로 부동산 가격이 폭등하는 시기에 내가 가진 부동산을 높은 값에 팔았다고 해도 그 돈으로 다시 이미 오를 대로 오른 부동산, 즉 내가 판 부동산과 똑같은 비율로 오른 부동산을 산다면, 그 부동산 투자는 결국 실패한 것이라 할 수 있다.

해외 부동산이든 국내 부동산이든 처음에 섣불리 판단해 뛰어

들기보다는 관망하는 편이 좋다. 천천히 시간을 두고 정보를 살펴
보다 자신이 생각했던 기준 금액보다 조금이라도 낮을 때 거래를
하는 것이 옳다.

뉴욕 부동산 투자자들을 위한 투자 꿀팁

현지의 조력자 리스트를 만들어라

현지 부동산 정보를 얻기 위해 조사를 떠나기 전에 부동산 중개업자, 현지 유학원 원장, 여행사 직원을 반드시 만나자. 그들은 현지의 부동산 시세 및 지역의 맛집부터 쇼핑 정보까지 줄줄이 꿰고 있는 진정한 현지인이기 때문이다. 그렇게 한번 인연을 맺은 파트너들과 꾸준히 관계를 유지하면 한국에 머물고 있으면서도 현지의 부동산 시장 동태를 파악할 때 신뢰도 높은 정보를 얻을 수 있다.

가계부를 써라

여행을 온 사람들은 사진을 남기고, 유학을 온 사람들은 공부를 할 것이다. 그렇다면, 부동산 투자를 위해 해외로 나간 사람은 무엇을 해야 할까. 바로 가계부를 쓰는 것이다. 현지의 경기 흐름을 파악할 때 먹고 마시는 식비부터 작은 소매품, 도매품에 이르기까지 현지의 전반적인 물가를 파악하고 있으면 부동산처럼 큰 규모의 자산을 관리할 때에도 도움이 된다.

로컬과 익스프레스 전철이 다니는 곳을 선택하라

뉴욕의 살인적인 교통체증은 이미 잘 알려져 있다. 심지어 뉴욕의 교통체증은 영화의 단골 소재로도 등장해 목적지까지 빨리 가는 길을 누가 더 잘 아는 지를 겨루기 할 정도다. 대체로 뉴욕에서는 걸어다니거나 지하철을 이용하는 경우가 많으므로, 지하철역 근처의 부동산을 주목하는 것이 좋다. 특히 환승역 보다는 로컬(완행: 모든 역에 다 정차)과 익스프레스(급행: 주요 역에만 정차) 전철이 모두 다니는 지역이 인기가 많다.

▌그라운드 제로 재개발 지역을 주목하라

9·11 테러로 무너져버린 월드트레이드센터 주변과 로어 맨해튼은 여전히 개발이 한창이다. 원월드트레이드센터, 포월드트레이드센터, 세븐월드트레이드센터, 국립 9·11 테러 메모리얼과 박물관 등이 완공되었으며, 투월드트레이드센터와 스리월드트레이드센터, 파이브월드트레이드센터, 퍼포밍 아트센터 등이 들어설 예정이다. 나머지 센터들이 들어설 경우를 대비해 로어 맨해튼 주변의 부동산에 관심을 가져볼 만하다.

▌월세 절약하는 단기 렌트 정보를 확인하라

만약 미국 내에서 비즈니스를 할 생각이라면 관심을 가질 만한 정보가 될 것이다. 뉴욕 맨해튼의 상가 자리를 보유하고 있다면, 가게의 공간을 쪼개어 렌트를 주는 서브리스를 고려해보는 것도 좋다. 비즈니스를 운영하고 있는 사람이라면 경기가 나쁠 때 매달 빠져나가는 월세를 충당하기에 더 없이 좋은 방법이다. 실제로 뉴욕에서는 유학생이나 관광객들을 대상으로 원룸을 렌트해주는 경우도 많다. 하나의 공간을 둘로 나누어, 거실은 공용으로 사용하고 방을 렌트해줄 수도 있다. 단기 렌트에 대한 정보를 공유하는 사이트들도 많이 운영되고 있으니 참고하면 좋을 것이다.

환율은 언제나 체크하라

해외에 나갈 경우 가장 먼저 확인하는 것이 환율이 아닐까. 좀 더 적은 비용으로 여행을 하거나 현지 생활을 하고 싶은 것은 누구나 같은 마음일 것이다. IMF를 거치며 환율이 두 배 가까이 올랐을 때, 환차익을 통해 뉴욕에서 콘도를 분양받을 수 있었다. 환테크의 타이밍을 잘 잡은 덕분이다. 하지만 그만큼 무서운 것도 사실이다. 언제 환율이 급락할지 모르니 늘 예의주시하고 있어야 한다.

나는 해외 투자로
글로벌 부동산 부자가 되었다

초판 1쇄 2019년 5월 8일

지은이 | 방미

발행인 | 이상언
제작총괄 | 이정아
편집장 | 조한별
책임편집 | 심보경
마케팅 | 김주희, 이선행
사진 | 박종근

진행 | 김승규
디자인 | Design co•kkiri
의상협찬 | 띠어리(Theory)

발행처 | 중앙일보플러스(주)
주소 | (04517) 서울시 중구 통일로 86 4층
등록 | 2008년 1월 25일 제2014-000178호
판매 | 1588-0950
제작 | (02) 6416-3927
홈페이지 | www.joongangbooks.co.kr
네이버 포스트 | post.naver.com/joongangbooks

ⓒ 방미, 2019

ISBN 978-89-278-1011-7 03320

중앙북스는 중앙일보플러스(주)의 단행본 출판 브랜드입니다.